AF467854

MANUEL

D'ÉCONOMIE POLITIQUE

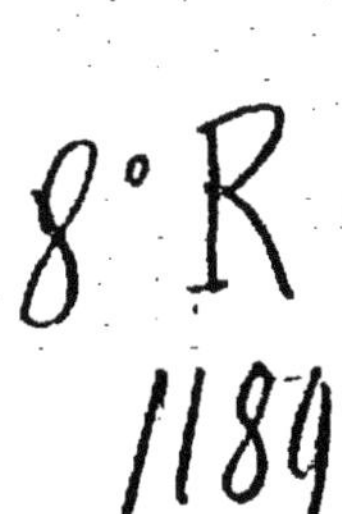

OUVRAGES DU MÊME AUTEUR

Petite histoire populaire de Lyon, in-8° jésus orné de 15 gravures. Palud, éditeur à Lyon . . . . 2 fr. 25

A travers Lyon, illustré de 124 dessins par Joannès Drevet. Dizain et Richard, éditeurs à Lyon (épuisé). . . . . . 30 fr.

Aux environs de Lyon, illustré de 250 dessins par J. Drevet. Dizain et Richard, éditeurs à Lyon. . . . . 30 fr.

EN PRÉPARATION :

Dictionnaire historique lyonnais: Les hommes, les institutions, les rues, les monuments.

PRÉFACE

Le livre dont nous offrons une nouvelle édition est le sommaire d'un cours créé par la Société d'Économie politique de Lyon et professé par l'auteur, depuis dix ans bientôt, à La Martinière, école des sciences et arts industriels de Lyon.

Écrit pour des écoliers, l'ouvrage devait être simple dans la forme, succinct dans l'exposition des matières, sévère dans le choix des doctrines émises. Chaque proposition est, autant que possible, accompagnée d'un exemple.

Pour le plan général, l'auteur a suivi la division et l'ordre indiqués par la nature même des choses : production, circulation, répartition et consommation des richesses. Il en a, toutefois, détaché, pour l'introduire dans une partie préliminaire, l'étude des lois qui déterminent la valeur et des signes qui la traduisent : l'expérience lui avait démontré la nécessité de cet exposé préalable.

Du reste, l'ouvrage a reçu, lors de la première

publication, en 1890, les bienveillants encouragements de nombreuses personnes dont le nom fait autorité dans la science économique. Qu'il suffise de citer MM. Levasseur, membre de l'Institut, professeur au Collège de France ; de Foville, professeur au Conservatoire des Arts et Métiers ; MM. Aynard, ancien président de la Société d'Économie politique de Lyon ; A. Courtois, secrétaire perpétuel de la Société d'Économie politique de Paris ; Lescarret, professeur à Bordeaux ; Paul Delombre et Adolphe Courtois, publicistes.

C'est une œuvre de vulgarisation, destinée surtout aux élèves de l'enseignement primaire supérieur et de l'enseignement secondaire, mais que toute personne pourra consulter utilement, comme un memento clair et précis de tout ce qui se rattache à l'ensemble des questions économiques et sociales.

Novembre 1893.

MANUEL

D'ÉCONOMIE POLITIQUE

PAR

P.-A. BLETON

PROFESSEUR D'ÉCONOMIE POLITIQUE A L'ÉCOLE « LA MARTINIÈRE »

NOUVELLE ÉDITION

PARIS
ARTHUR ROUSSEAU
LIBRAIRE-ÉDITEUR
14, RUE SOUFFLOT, 14

LYON
BERNOUX et CUMIN
LIBRAIRES-ÉDITEURS
6, RUE DE LA RÉPUBLIQUE, 6

1894

MANUEL

D'ÉCONOMIE POLITIQUE

Chapitre premier.

NOTIONS PRÉLIMINAIRES

Définition de l'économie politique. — Divisions générales. — Valeur des choses. — La monnaie, signe de la valeur.

Définition de l'économie politique. — L'économie politique est la science de l'utile ; elle a pour objet l'étude des richesses. Il faut entendre par richesses toutes les choses qui peuvent avoir pour l'homme une utilité, immédiate ou non.

« Economie » est un mot que nous avons emprunté à la langue latine, qui le tenait elle-même de la langue grecque. Il est formé de *oikos*, maison, et de *nomos*, loi, règle : c'est-à-dire « règle de la maison, loi du ménage. »

On a été conduit à donner à économie le sens d'épargne, parce que épargner, ne pas faire de dépense inutile, est le premier acte d'une bonne administration. Mais il ne faut pas confondre avarice et économie : suivant la définition de J.-B. Say, l'économie veut dépenser à propos, tandis que l'avarice ne veut rien dépenser du tout. Par extension du sens primitif de règle, nous disons encore « l'économie d'un plan, d'un ouvrage, d'un discours. »

L'épithète « politique » a été jointe au mot économie, lorsqu'on a voulu désigner l'ordre social, l'administration de l'Etat. Puis les deux mots ainsi réunis ont finalement pris la signification actuelle : Etude des richesses générales et de l'utilité sociale.

Caractère de l'économie politique. — On a contesté à l'économie politique d'être une science ; on lui reproche aussi d'être parfois en désaccord avec la morale.

Tout d'abord, observer des faits soumis à des lois constitue bien une science. Or, nul esprit sensé ne pourrait soutenir que la formation des richesses et leurs divers mouvements sont le simple résultat du hasard.

A la vérité, les faits qui s'y rattachent, l'économie politique est forcée de les étudier tels qu'ils se manifestent ; impossible de les isoler pour une expérience ou une démonstration ; elle doit se borner à rechercher la raison de ces manifestations, à expliquer certains phénomènes, à constater que les mêmes causes engendrent les mêmes effets. Mais, même réduite à ce rôle, l'économie politique possède tous les caractères d'une science d'observation et de prévision.

Cette étude des causes et de leurs résultats conduit la science économique à formuler des règles. Nous verrons que toutes reposent sur ces trois principes : liberté de l'homme et du travail, justice présidant à tous les rapports sociaux, extension du bien-être au plus grand nombre. En outre, l'économie politique démontre les bienfaits de la prévoyance et la parfaite solidarité de tous les intérêts. Ses conclusions sont donc en complète harmonie avec la morale.

Origine de cette science. — C'est la dernière venue, et son origine récente suffirait à expliquer qu'elle soit moins avancée que d'autres. Beaucoup de philosophes dans l'antiquité et de penseurs au moyen âge ont formulé des vérités d'ordre économique. Mais il faut arriver aux temps modernes pour rencontrer les premiers écrits véritablement scientifiques sur la matière.

D'ailleurs jusqu'à la fin du XVIe siècle, les notions les plus confuses avaient cours, sur les effets du travail et sur les causes des richesses. Comme les sciences naturelles, l'économie politique a eu ses alchimistes.

Au nombre des précurseurs, nous devons citer

Vauban, auteur d'un *Projet de dîme royale* (1707), et son contemporain Boisguillebert; Gournay (1712-1759), qui démontra le caractère fécond de la liberté des transactions; Quesnay (1694-1774), médecin de Louis XV, auteur d'un *Tableau économique*. Ce dernier eut pour disciples et continuateurs: Dupont de Nemours, Mercier de la Rivière, l'abbé Baudot, et enfin Turgot.

Les *Réflexions sur la formation et la distribution des richesses* (1776), de Turgot, demeurent un modèle d'analyse et de démonstration. Au même moment, Adam Smith fit paraître en Angleterre les *Recherches sur la nature et les causes de la richesse des nations*. Désormais la science économique était fondée.

Jean-Baptiste Say lui donna, pour ainsi dire, sa forme définitive; il en fut le véritable vulgarisateur par la publication de son *Traité d'économie politique* (1803).

Divisions générales. — Si nous considérons les richesses, nous voyons qu'elles sont d'abord produites, puis mises en circulation, enfin réparties et consommées. De là, quatre états sous lesquels nous devons les étudier.

Mais, au préalable, il importe d'examiner en quoi consiste la valeur des richesses et comment se traduit cette valeur. De plus, nous serons appelés à reconnaître l'utilité qu'il y a pour soi et pour la société à ne pas consommer entièrement la part qui nous est attribuée.

Ces deux études, préliminaire et complémentaire, portent à six le nombre des divisions que nous adopterons :

1° Valeur des choses ;
2° Production des richesses ;
3° Circulation ;
4° Répartition ;
5° Consommation ;
6° Epargne et prévoyance.

Causes déterminantes de la valeur. — La valeur des choses est déterminée : 1° par l'utilité directe ou indirecte que nous leur attribuons ; 2° par leur rareté, absolue ou relative ; 3° par le plus ou moins de facilité que nous devons trouver à les échanger, dans le cas où nous ne les appliquons pas ou ne les appliquons plus à nos besoins.

D'une part, les caractères d'utilité, de rareté, d'échangeabilité ne se rencontrent et ne se combinent jamais au même degré, dans les objets différents.

Supposons des vêtements, du pain et une gravure ancienne. Pour les deux premiers objets, il y a utilité d'ordre matériel, répondant à une nécessité ; pour le dernier, utilité d'ordre immatériel et toute d'agrément. Les premiers ne tirent aucune valeur particulière de leur rareté, tandis que la gravure peut devoir sa valeur au petit nombre d'exemplaires qu'on en connaît. Enfin, le pain doit être échangé immédiatement, sous peine de dépréciation; l'urgence est moindre pour le vêtement; la gravure ancienne, au contraire, prendra plus de valeur encore avec le temps.

D'autre part, la valeur, si nous y regardons de près, n'est point inhérente aux choses, mais elle est plutôt la résultante de nos besoins ou désirs et de la satisfaction que nous en attendons.

Aussi la valeur d'une chose varie-t-elle suivant les temps, les lieux et la condition des hommes. Des différences de goûts ou de situations font que les uns attribueront une utilité plus grande que les autres à un objet: ainsi, un naufragé, comme Robinson, attachera plus de valeur à un sac de clous qu'à un sac de pièces d'or; certaines personnes sacrifieront les satisfactions matérielles aux satisfactions de l'intelligence.

Nos besoins et nos désirs restent donc les souverains régulateurs de la valeur.

Besoins et désirs. — Les besoins de l'homme ne connaissent guère d'autres limites que celles qui leur sont imposées par l'impossibilité d'y satisfaire. A mesure que l'homme réussit à pourvoir à un de ses besoins, le désir d'une chose nouvelle s'éveille en lui. S'il peut donner satisfaction à ce désir et qu'il s'en trouve bien, cela lui crée un nouveau besoin ; l'habitude, comme on dit, devient une seconde nature. Imitation, habitude, hérédité, accroissent sans cesse les besoins de l'humanité.

Il s'ensuit que le nécessaire n'est pas le même pour des individus placés dans des civilisations ou des conditions différentes. Ainsi, une chemise était un luxe, il y a plusieurs siècles ; c'est aujourd'hui un objet de première nécessité. Si nous nous élevons au-dessus des choses matérielles, nous avons des besoins d'instruction, de déplacement, de correspondance, que n'ont pas connus nos pères, du moins, dans une mesure aussi générale.

Ce serait une erreur de condamner absolument cette extension à peu près illimitée des besoins. D'abord, il serait plus facile, comme on l'a observé, de supprimer l'homme que de supprimer le désir en lui ; le rôle de la morale et de la raison est justement de diriger ce désir dans un sens louable. En second lieu, sans ce sentiment qui aiguillonne l'humanité, que deviendraient la loi éternelle du travail, la civilisation et le progrès ? Il est à remarquer, du reste, que moins les peuples ont de besoins, plus ils ont une tendance à rester paresseux et ignorants, plus ils sont dominés par les appétits grossiers.

Offre et demande. — Toute satisfaction d'un besoin ou désir suppose un effort, si minime soit-il. Mais l'effort peut être accompli par un autre que celui qui éprouve le besoin ou désir ; il faut alors restituer à autrui l'équivalent du service rendu. De là est venu l'échange des services et des produits résultant des efforts.

Selon l'importance des besoins ou désirs, selon l'utilité réelle ou supposée des choses et la difficulté de se les procurer, les conditions de l'échange se modifieront. Chacune des deux parties s'efforcera de déplacer à son profit les termes de ce qui lui paraît l'équivalence. Le contrat subit alors ce qu'on appelle la loi de l'offre et de la demande ; une chose demandée aura toujours plus de valeur qu'une chose offerte.

Cette loi est d'ordre naturel, comme celle qui régit les saisons : nul ne saurait s'y soustraire, aucun pouvoir ne peut la supprimer. Mais, de même qu'on se garde contre les rigueurs des saisons, il appartient aux efforts individuels et à l'action collective de la société, de prévoir et d'atténuer les effets extrêmes de l'offre et de la demande. Il importe toutefois que ce soit en se conformant toujours aux principes de liberté, de justice et d'extension du bien-être au plus grand nombre.

La connaissance raisonnée de la loi de l'offre et de la demande, dans ses principes, dans ses manifestations, dans son influence bonne ou mauvaise sur les richesses en général, résume à peu près toute la science économique.

Signe de la valeur. — Les services et produits ont été d'abord échangés directement contre d'autres services ou produits. Mais l'estimation, par comparaison directe, de deux utilités, offertes ou demandées, est difficile à établir : il a fallu, aux époques les plus reculées, adopter un étalon, une unité de valeur pour les transactions.

Il était non moins nécessaire de posséder un instrument d'échange, signe représentatif de la valeur.

De ce double besoin est née la monnaie que nous allons nous borner, quant à présent, à étudier comme signe de la valeur.

Le type choisi pour faciliter les transactions et servir d'unité, devait être nécessairement une marchandise plus répandue que les autres, plus connue, plus aisément acceptée, en un mot plus échangeable. Dans les sociétés primitives, on a employé et on emploie encore à cet effet le blé, le riz, les toisons ou fourrures, l'ivoire, les coquillages, les têtes de bétail. Mais l'usage des métaux, notamment de l'or, de l'argent et du cuivre, a prévalu, dès l'antiquité, chez tous les peuples civilisés.

Caractères de la monnaie. — Les métaux, surtout l'or et l'argent dits métaux précieux, ont dû la préférence dont ils sont l'objet, à leurs caractères particuliers d'utilité et de rareté :

1° Leur utilité est partout reconnue ; ils sont incorruptibles et ne coûtent aucun entretien, sont aisément transportables, très divisibles et peuvent être ramenés par la fonte à leur état premier ;

2° Leur rareté est presque toujours la même, ce qui a permis de leur attribuer une grande valeur sous un petit volume ; des produits naturels, ils sont ceux dont la qualité varie le moins, d'un échantillon à l'autre, et dont la finesse peut être le plus facilement constatée et ramenée à un égal degré : ils présentent, par conséquent, une valeur plus stable que toute autre matière.

Toutes ces qualités ont fait des métaux précieux la marchandise échangeable par excellence et leur ont valu d'être le signe universellement adopté de la valeur.

Cependant il faut bien se garder de prendre la monnaie métallique, suivant une erreur trop commune, pour la richesse même : c'est seulement une des formes de la richesse. Il ne faut pas davantage voir, dans l'unité de valeur (le franc, par exemple), un instrument de comparaison immuable, comme le mètre pour les longueurs, ou la minute pour la durée du temps.

Variations de la monnaie. — Le rapport entre la marchandise monnaie et les autres marchandises, subit des variations perpétuelles, d'un temps ou d'un endroit à un autre. Selon que nous devons donner plus ou moins de monnaie pour obtenir un produit ou un service, nous disons qu'il est plus cher ou à meilleur marché.

C'est que la loi définit bien le degré d'alliage et le poids des pièces de monnaie, mais elle est impuissante à fixer la quantité de services ou de marchandises qu'on livrera contre chacune de ces pièces. L'histoire nous apprend que toutes les fois que le titre ou le poids des monnaies ont été abaissés, le prix des choses a immédiatement augmenté de toute la différence. Vainement l'effigie des pièces altérées leur maintenait leur valeur nominale antérieure. L'acheteur devait, pour acquérir le même objet, donner la même quantité de métal fin qu'auparavant, c'est-à-dire donner plus de monnaie, payer plus cher.

D'autre part, la valeur intrinsèque des monnaies est sujette aussi à des variations ; car le métal dont elles sont faites se trouve, en raison des quantités produites et des besoins de la consommation, plus ou moins offert ou demandé sur le marché des métaux. Par conséquent, l'or et l'argent en lingots sont cotés à un prix qui les met, tantôt en prime, tantôt en perte, sur la valeur légale de la monnaie.

Le métal monnayé ne perd donc jamais son caractère de marchandise. Il est simplement une richesse type, à laquelle on ramène toutes les autres pour obtenir une évaluation aussi uniforme que possible.

Chapitre II.

PRODUCTION DES RICHESSES

Comment se produisent les richesses. — Diverses formes de l'industrie. — Le travail et ses conditions. — Le capital sous ces divers états. — Les machines. — La propriété. — L'association.

Comment se produisent les richesses. — Les richesses se produisent de deux manières : en donnant de l'utilité ou de la valeur aux choses qui n'en ont pas, et en augmentant l'utilité ou la valeur que les choses ont déjà.

Ces diverses utilités sont le résultat de simples déplacements, développements ou transformations des substances que nous fournit la nature. L'homme est impuissant à rien créer ; il ne peut pas davantage détruire la plus petite parcelle de matière, et quand cette matière passe dans nos mains à l'état de gaz invisibles et impalpables, nous n'avons fait que la transformer. « Produire » est, d'ailleurs, tiré du latin *produ-*

cere, et signifie seulement « amener au dehors, mettre à la portée. »

La terre, ce qu'elle porte, ce qu'elle renferme et ce qui l'environne, fournit donc la substance de toute production. Les agents naturels, tels que la chaleur du soleil, la force motrice de l'eau et du vent, la force expansive des gaz, l'action du feu ou des acides, l'élasticité des métaux, sont utilisés pour les multiples déplacements ou transformations que nous faisons subir aux substances.

Mais le sol n'offre point partout les mêmes ressources, les climats sont inégaux, certaines contrées sont loin de la mer ou n'ont pas de cours d'eau utilisables. Il en résulte une grande diversité et aussi une grande inégalité dans la production.

Diverses formes de l'industrie. — Les moyens employés pour donner de l'utilité aux choses et pour en augmenter l'utilité naturelle ou acquise, sont innombrables. Toutes ces opérations de déplacement, de développement ou de transformation constituent l'industrie.

On peut diviser l'industrie en cinq branches principales, extractive, agricole, manufacturière, commerciale ; plus, les fonctions, pour la plupart dites libérales, qui ne s'exercent point directement sur les choses, mais contribuent à conserver et à perfectionner la personne humaine, l'agent et la fin de toute production.

Chacune de ces formes de l'industrie concourt, d'une façon directe ou indirecte, à la production des richesses.

Industrie extractive. — L'industrie extractive, la plus rudimentaire de toutes, se borne à saisir une substance à l'état naturel, sans lui faire subir de transformation. Cette industrie comprend l'exploitation des mines et carrières, des forêts, de la mer, des fleuves et des sources, et tout ce qui s'y rattache, comme la chasse, la pêche, le service des eaux potables, la récolte de certains végétaux qui viennent sans culture préalable.

L'utilité est ici déterminée par un simple déplacement, mais elle n'en est pas moins réelle. Tant que la pierre n'a pas été détachée de la carrière, tant que le minerai ou la houille sont enfouis dans la terre, ils sont sans utilité pour nous. C'est l'art du bûcheron, du chasseur et du pêcheur qui fait du bois, des troupeaux sauvages, du gibier et du poisson, autant de choses utilisables. L'eau même, indispensable à notre boisson, doit souvent être appelée à la surface du sol.

Industrie agricole. — L'industrie agricole embrasse la culture des champs, l'élève du bétail, la production des céréales, de la viande et des matières textiles, végétales ou animales.

Dans les produits que nous livre l'agriculture, la nature n'est plus abandonnée à son activité spontanée. Les matières dont se compose un sac de blé, par exemple, étaient éparses dans la terre et dans l'atmosphère. Grâce au travail du cultivateur, à une observation judicieuse des saisons et de la composition du sol, à une semence jetée à propos, les principes répandus dans le sol et dans l'air se sont changés en épis de froment, et les grains de ces épis, réunis dans un sac, sont devenus une valeur. De même l'éleveur, en faisant consommer le fourrage par des moutons, change ce fourrage, sans utilité immédiate pour l'homme, en viande et en laine.

Développer les substances et les espèces, en mettant en jeu les forces mystérieuses de la nature, constitue le rôle principal de l'industrie agricole.

Industrie manufacturière. — C'est l'ensemble des opérations, à l'aide desquelles les matières premières fournies par les industries extractive et agricole, sont appropriées aux besoins de l'homme, lorsqu'elles ne peuvent être utilisées à l'état naturel. Le rôle de cette industrie dans notre alimentation est considérable ; pour le vêtement, l'habitation et le mobilier, nous lui devons tout.

L'industrie manufacturière procède surtout par voie de transformations, soit en isolant les divers principes d'une substance, soit en combinant plusieurs substances entre elles, soit en les façonnant.

Les valeurs déterminées au moyen de ces multiples opérations peuvent quelquefois être considérables. Ainsi, d'un minerai traité par le feu, on isolera un kilogramme de fer brut ; en combinant le fer avec du carbone, on fera de l'acier ; puis un ouvrier façonnera cet acier en spiraux de montre. Comme chaque spiral pèse à peine 5 milligrammes, on obtiendra, en faisant la part du déchet, environ 150,000 spiraux. Un bon spiral valant de 2 à 3 francs, c'est une valeur de plusieurs centaines de mille francs qu'aura prise le kilogramme de fer qui, à l'état brut, valait, au plus, quelques sous.

Industrie commerciale. — L'industrie commerciale, complément des premières, a pour objet de mettre les matières à la portée des producteurs et les produits à la portée des consommateurs.

Lorsque le mineur a tiré la houille, que le vigneron a fait le vin, cette production resterait le plus souvent sans utilité, s'il ne se trouvait une industrie de transport et des commerçants pour les présenter à la consommation. De même le cuir du bœuf sauvage de l'Amérique du Sud, la morue de Terre-Neuve, le thé et la soie de Chine n'auraient aucune utilité pour nous, comme nos produits manufacturés aucune utilité pour ces pays lointains.

Cette branche de l'industrie humaine accroît véritablement l'utilité des choses et leur donne une valeur nouvelle. C'est donc à tort qu'on a prétendu que le commerce ne produit rien. Il contribue à la production en transportant les matières premières ; il l'active en distribuant les produits de tout genre et en les mettant sous la main du consommateur. Partout où cette branche d'industrie fait défaut, toutes les autres languissent.

Industrie libérale. — Sous cette dénomination, nous comprendrons :

1° Le perfectionnement et la conservation de l'homme physique : exercices et soins du corps, assistance matérielle, et à un degré supérieur, l'art du médecin et tout ce qui s'y rattache ;

2° La culture et les satisfactions de l'imagination : dessin, peinture, sculpture, musique, spectacles, en un mot, les beaux-arts ;

3° Le développement des facultés intellectuelles et l'éducation morale : sciences, littérature, philosophie, pédagogie, ministère sacerdotal ;

4° Le maintien de la sécurité pour les hommes et les biens : confection, interprétation et application des lois, ordre public, art militaire et gouvernement.

Dans le langage ordinaire, on refuse la qualité de producteurs à ceux qui exercent la plupart de ces arts ou fonctions. Si l'on ne considère que la production directe, cette exclusion se justifie. Mais nul ne peut nier l'influence au moins indirecte que possèdent, sur l'action productive, l'état de force et de santé des individus, la supériorité intellectuelle et morale d'une race, l'organisation sociale d'un peuple, la sécurité des personnes et des biens.

Facteurs de la production. — La production d'une utilité ou valeur est toujours le résultat d'un effort, c'est-à-dire d'un travail. Certains services, où l'effort n'apparaît pas au moment qu'ils nous sont rendus, notamment dans l'exercice des professions libérales, supposent pourtant une somme considérable de travail antérieur.

Mais le travail doit être secondé par des instruments et s'exercer sur une matière. Ces instruments et cette substance représentent le deuxième facteur de la production et reçoivent en langage économique, quelles qu'en soient la forme et l'espèce, le nom générique de capital.

Il est encore un tiers facteur : la nature ; mais il importe de distinguer. En premier lieu, beaucoup d'agents naturels, lorsqu'ils interviennent dans la production, ont été, au préalable, appropriés comme instruments : telles, une terre mise en culture, une chute d'eau utilisée comme moteur. De plus, à peu près toutes les substances font partie intégrante ou accidentelle d'un capital constitué : par exemple, la pierre d'une carrière, le fruit d'un arbre, le gibier d'un bois.

En réalité, il ne reste que les forces gratuites de la nature et les éléments non appropriés : air, chaleur, lumière, océans, dont on puisse faire un facteur distinct du travail de l'homme et du capital de production.

Conditions du travail. — Le travail doit avoir pour objet de produire une utilité. Quoique l'idée de peine s'associe ordinairement à celle de travail, il n'est pas nécessaire qu'il y ait peine pour qu'il y ait production. De même, un travail, bien qu'exécuté avec peine, peut n'être pas productif : ainsi, briser un banc sur une promenade ou lancer des pierres dans des vitres sont des efforts qui n'ajoutent rien aux richesses.

Il ne faut pas, non plus, confondre lucratif avec productif ; une opération sera parfois lucrative pour son auteur, alors qu'elle ne comporte aucune utilité sociale.

L'accomplissement d'un travail quelconque suppose trois genres d'efforts combinés : l'invention, la direction et l'exécution. Le rôle de l'invention et de la direction consiste surtout à produire la plus grande somme d'utilité avec le moins d'efforts possible ; les efforts épargnés deviennent alors disponibles pour d'autres utilités.

Chacune de ces trois fonctions contribue, en proportions variables, à l'accomplissement d'un travail ; chacune aussi a une part plus spécialement marquée dans l'exercice de nos diverses professions. Assez souvent les trois fonctions sont accomplies par le même individu ; et lors même qu'on isole leurs rôles dans une industrie, il y a toujours chez celui, par exemple, qui exécute, une part de direction et quelquefois d'invention.

Enfin, deux conditions indispensables pour obtenir le maximum de production, c'est la liberté et la division du travail.

Liberté du travail. — Dans les civilisations qui nous ont précédés, le travail a passé par l'esclavage, le servage, les corporations fermées et le monopole. Ces états successifs correspondent à autant d'organisations sociales moins avancées que la nôtre et ont pu, à l'origine, avoir leur raison d'être : les corporations trouvent encore des défenseurs. Mais tous ces régimes étaient, d'une façon ou d'autre, la négation de la liberté de l'homme et du travail.

Il en résultait, à des degrés différents, une diminution de la faculté d'invention, de l'esprit de direction, de l'énergie dans l'exécution ; pas ou peu de progrès dans la qualité et la quantité des choses produites. N'accuse-t-on pas encore les administrations publiques qui constituent, par un fait nécessaire, des corporations fermées, d'être plus routinières et de fournir un travail moins productif que la généralité des autres carrières ? Et les quelques monopoles, conservés ou concédés à titre exceptionnel, n'encourent-ils pas au moins le reproche de favoriser l'inertie ?

A la vérité, quelques-uns blâment ce qu'ils appellent un excès de production ; ils souhaiteraient que des entraves fussent mises au pouvoir de produire. C'est oublier que les malaises viennent, non de l'abondance des produits, mais de la difficulté, pour le grand nombre, de se les procurer. Limiter la quantité des produits ou en rendre la création plus coûteuse, serait, au contraire, aggraver la situation des individus dont la faculté d'achat est déjà restreinte.

Division du travail. — Si la liberté est nécessaire, la division du travail n'est pas moins indispensable. Cette division s'effectue de deux manières : la division générale par profession et la spécialisation dans chaque profession.

Si chacun de nous essayait de produire lui-même ce qui lui est nécessaire, il y aurait une déperdition énorme d'efforts et une diminution incalculable de produits. La division du travail, au contraire, offre de nombreux avantages : développement de l'habileté individuelle, facilité d'employer chacun selon ses forces et ses aptitudes, économie de temps, réduction des années consacrées à l'apprentissage. En outre, cette décomposition des tâches a permis de dégager certains efforts ou mouvements, simples et sans cesse répétés, que la machine suffit à exécuter.

Dans les industries libérales, la spécialisation n'est généralement l'objet d'aucune critique. Mais on lui reproche, notamment en ce qui concerne l'industrie manufacturière, d'amoindrir l'intelligence du travailleur et de le placer dans une situation plus précaire.

Il est facile de répondre que, pour beaucoup d'esprits, un champ restreint, et qui leur est familier, est d'autant plus favorable à leur activité ; en outre, l'économie de temps résultant de la division du travail a permis la diminution des heures de journée, et ces loisirs sont devenus applicables à des exercices intellectuels.

En second lieu, les branches spéciales d'une même industrie sont aujourd'hui tellement solidaires entre elles, qu'il est bien difficile que le chômage en atteigne une seule et respecte les autres.

Causes favorables à la division du travail. — La division du travail, comme tous les faits économiques, ne s'établit point d'une manière arbitraire ; elle est presque toujours subordonnée à la densité de la population, à l'importance et à la continuité des entreprises, au niveau général des connaissances et à l'abondance des capitaux.

Dans un centre où les habitants sont peu nombreux, un même individu est souvent obligé de cumuler plusieurs professions. Il en est de même quand l'industrie exercée est de peu d'importance.

La spécialisation est également impossible lorsqu'un genre de travail n'est pas continu : ainsi, dans l'agriculture où chaque saison, chaque mois amène une façon différente. Cette impossibilité de spécialiser le travail peut certainement être regardée comme une des causes de l'infériorité où est restée l'industrie agricole.

A mesure que le travail se divise dans une industrie, la part de la direction devient plus grande, ce qui exige des notions techniques et scientifiques plus avancées. La part contributive du capital aussi sera plus importante, parce que la constitution de chaque spécialité réclame un outillage et des avances particulières.

La concentration de plusieurs industries, qu'il s'agisse de manufacturer ou de vendre, n'est nullement en contradiction avec le principe de la division du travail. Ainsi, les grands magasins qui embrassent la vente de produits multiples, montrent, au contraire, le modèle d'une spécialisation extrême des efforts demandés à chaque collaborateur.

Le capital. — « Le capital, ainsi que le définit J.-B. Say, c'est une somme de valeurs acquises d'avance. »

« Par capital, dit Joseph Garnier, il faut entendre tout produit, tout instrument, tout moyen dont l'industrie se sert ou peut se servir pour produire de nouvelles valeurs ». Dans l'esprit de l'auteur, les « moyens » comprennent nécessairement l'intelligence et le savoir professionnel.

Les premiers capitaux se sont formés aussitôt qu'un homme a aiguisé un silex, fait un arc ou une bêche, réservé du grain pour sa nourriture ou pour des semailles, réduit des animaux en domesticité pour les faire multiplier. L'abondance des substances naturelles, un petit nombre d'individus à satisfaire, un climat privilégié ont

2

permis la formation de ces premiers instruments de production.

Pendant cette période rudimentaire de l'industrie humaine et pendant longtemps encore, le travail s'est trouvé le principal facteur de la production. Mais le capital a pris une part de plus en plus prépondérante, fournissant à l'humanité les moyens d'obtenir avec une quantité de travail moindre, une production infiniment plus considérable.

L'homme moderne, seul avec son intelligence et ses forces musculaires, serait impuissant à pourvoir à ses besoins, même placé dans le milieu le plus favorable. Aussi, dans toute histoire de naufragé, comme l'observe Bastiat, l'auteur a-t-il soin de munir son héros de quelques provisions et de quelques outils sauvés des flots, c'est-à-dire d'un capital, d'une somme de valeurs acquises d'avance.

Différentes formes du capital. — Si nous considérons le capital dans sa nature, il peut être matériel ou immatériel ; si nous l'envisageons dans son rôle, il peut être divisé en trois classes :

1° Le capital affecté à l'usage du possesseur : aliments, habits, meubles, habitations de famille, objets et propriétés d'agrément ;

2° Le capital fixe ou engagé, ainsi nommé parce qu'il n'est pas destiné à subir de transformation : outils, instruments techniques et machines ; ateliers, laboratoires et bâtiments servant à la production ; travaux exécutés sur le sol, plantations permanentes, terrassements, routes, canaux, galeries et puits d'extraction ;

A cette catégorie se rattachent certains capitaux immatériels ou incorporels, tels que : clientèles, moyens d'achalandage, brevets ou procédés, marques de fabrique ;

3° Le capital circulant, comprenant toute matière appelée à changer de forme ou de main : monnaie métallique ou fiduciaire ; matières premières, produits manufacturés, œuvres de tous genres et approvisionnements destinés à la vente.

Capitaux à l'usage du possesseur. — Les capitaux de cette catégorie sont parfois qualifiés d'improductifs ; il serait plus juste de dire non lucratifs pour celui qui les possède.

En effet, tout ce qui sert à l'entretien des forces et de la vie de l'homme est nécessairement productif. Quant aux choses de luxe et d'agrément, elles ne sauraient être exclues, du moment qu'elles concourent ou sont censées concourir à la satisfaction légitime de nos besoins et désirs.

Or, un diamant est dans ce cas, pour son possesseur ; de même, des œuvres littéraires ou artistiques, qu'elles soient aux mains d'un particulier ou dans une collection publique ; d'autant plus que ces dernières se proposent presque toujours ou affectent de se proposer une mission éducatrice, une utilité.

La seule condition est que ces objets soient de véritables richesses, des valeurs échangeables, susceptibles de se traduire, au besoin, en monnaie, cette forme par excellence du capital. Même, sans changer de nature, un tableau de maître, une curiosité naturelle peuvent devenir lucratifs pour leur propriétaire, s'il les montre pour de l'argent.

Par conséquent, il n'est pas de richesse possédée qu'on ne doive considérer comme un capital, et il n'est pas de capital improductif par nature ; il y a seulement des formes et des emplois non lucratifs du capital.

Capital fixe et capital circulant. — Le premier comprend, nous l'avons vu, tous les instruments avec lesquels le travail opère ; le second s'entend des matières sur lesquels la production s'exerce et des produits prêts pour la consommation.

Il est assez difficile de déterminer la relation qui doit exister entre l'un et l'autre. Néanmoins, le capital fixe n'étant qu'un ensemble d'instruments et de moyens, il importe de ne pas multiplier outre mesure les instruments et de ne pas créer de moyens trop coûteux. Un point aussi à ne pas perdre de vue, c'est que le capital fixe se compose d'éléments moins faciles à réaliser, moins échangeables que ceux dont est formé le capital circulant.

L'accroissement incessant de ce double capital est l'objet d'assez fréquentes attaques. La légitimité du droit de ceux qui le possèdent a aussi été contesté. C'est, de la part des agresseurs, faute d'avoir saisi le rôle du capital et faute d'en avoir étudié l'origine.

Les machines. — Une des manifestations du capital industriel qui, de tout temps, a été en défaveur particulière, ce sont les machines. Qu'est-ce donc qu'une machine, sinon un outil perfectionné, qui peut être mû par une force autre que la force humaine ?

Epargner un effort pénible au travailleur, ou obtenir une quantité de force qu'il eût été incapable de fournir : voilà l'idée qui présida à la confection des premières machines. En faisant mouvoir ces engins par les animaux, le vent, l'eau ou la vapeur, l'homme, dispensé d'un travail musculaire excessif, a pu consacrer plus librement ses facultés intellectuelles à la production.

Avec les appareils mécaniques, actionnés par l'ouvrier lui-même, comme un tour à pédale, il reste encore au travail un gain considérable en force, en vitesse et en précision. Puissance, célérité, précision : trois qualités qui font de la machine l'instrument par excellence pour obtenir l'abondance des produits.

Pour ne parler que des machines à vapeur, ces appareils représentent actuellement en France la force de 4 millions de chevaux-vapeur, soit la puissance de plus de 80 millions d'hommes. On voit quel effroyable déchet subirait la production, si nous supprimions seulement la vapeur comme moteur.

Aux temps antiques, un moulin tourné par un esclave, lequel moulin était déjà une machine, produisait en un jour de la farine pour la nourriture de 25 personnes. Ce serait donc 4,000 paires de bras qu'il faudrait pour alimenter une ville de cent mille âmes, si nous retournions aux anciens procédés. A quel prix serait le pain et de quelle qualité ! Sans compter que ces ouvriers, condamnés à un travail quasi-bestial, seraient autant de retranché dans les professions qui sont l'honneur de la civilisation et contribuent au bien-être général.

Griefs articulés contre les machines. — Toute machine nouvelle, dit-on, dépossède d'abord un ouvrier de son travail et diminue ensuite le nombre de bras employés.

Le premier de ces reproches est seul, en partie fondé. Mais nul progrès ne se serait jamais accompli, s'il avait fallu éviter aux intérêts individuels ces froissements dont on se plaint et qui ne sont, le plus souvent, que momentanés. Tous les jours, d'ailleurs, nous assistons à des déplacements d'intérêts, où les machines ne sont pour rien : la mode, l'introduction d'un produit nouveau, l'ouverture d'une route en sont des causes assez fréquentes.

Bien loin que les machines tendent à diminuer le nombre des ouvriers, il est constant que les industries où s'introduisent les procédés mécaniques sont justement celles où l'accroissement du personnel occupé devient le plus sensible.

L'invention de l'imprimerie, et même l'emploi des presses rapides, effectuant la besogne de plusieurs milliers de copistes, n'empêchent pas les typographes d'être infiniment plus nombreux que les anciens faiseurs de manuscrits. L'application de la mécanique de Jacquard, qui devait ruiner l'industrie du tissage, l'a, au contraire, développée. Enfin, les chemins de fer ont récemment donné à l'industrie des transports une impulsion telle qu'on ne peut s'empêcher de sourire en lisant les doléances qu'a suscitées leur création.

Il faut aussi tenir compte de la quantité de personnes qu'occupent l'établissement, la conduite et l'alimentation des machines : métallurgistes, ingénieurs, constructeurs, mécaniciens, ouvriers des charbonnages, etc.

Suppression de la plus grande partie des tâches de peine, abondance de produits avec une durée moindre de travail : tels sont les résultats que procure l'emploi des machines à ceux-là mêmes qui les accusent le plus violemment.

Comment se forme le capital. — Les attaques contre le capital, en général, ne se justifient pas mieux que celles auxquelles les machines sont particulièrement en butte. Il suffit, pour en avoir raison, de rechercher comment se forme le capital et ce qui en découle pour la société.

Tout capital, sans exception, a son origine dans le travail et dans l'épargne, que ce soit le fait du possesseur ou de celui qui l'a créé avant lui. Un individu mieux doué, plus fort, plus laborieux, ou simplement plus sobre, n'a pas consommé tout ce que son travail lui a produit : il forme un premier capital. D'ordinaire, l'importance en est modeste ; il faut généralement l'effort continu de plusieurs générations pour réaliser de grandes fortunes.

Quoi qu'il en soit, à chaque formation ou accroissement de capital, celui qui le détient cherche l'emploi de son excédent. Ou il l'applique à améliorer son outillage et à augmenter son capital circulant ; ou il le met, sous forme de prêt, à la disposition de ceux qui sont moins favorisés que lui. De toute façon, c'est un instrument nouveau de production, dont bénéficie la société entière.

La capital social n'est, en réalité, que la résultante de ces capitaux individuels. C'est grâce à leur multiplicité qu'une nation peut se créer des routes, des ports, des monuments ; qu'une société peut avoir une partie de ses membres exclusivement voués aux choses de l'intelligence, posséder des artistes, des écrivains, des savants ; qu'il devient possible de garder tous les enfants à l'école et de les préparer, par l'instruction, à un avenir meilleur. L'épargne est la mère de tout capital et de toute civilisation.

La propriété. — Pas de production sans travail, pas de capital sans épargne. Il est donc intéressant de savoir quel mobile sera le plus capable d'agir sur la production et d'inciter l'homme à se priver volontairement de consommer une partie des fruits de son travail. Le stimulant le plus efficace, pour ne pas dire le seul, c'est le droit de propriété, soit la libre disposition de ce que nous acquérons par nos efforts, par l'échange ou par la privation. Ce droit absolu ne peut être limité que dans un seul cas : quand le propriétaire fait de son droit un usage nuisible pour les autres.

La constitution de la propriété est aussi ancienne que les sociétés humaines ; elle a certainement devancé toutes les législations, de même que les langages ont procédé les grammaires, Les premières lois ont consacré un fait qui existait, se bornant à garantir la possession et la transmission des biens, sous certaines conditions.

Prenons, d'ailleurs, un individu vivant à l'état de nature. Il se fait un arc et des flèches, ou façonne un pieu pour fouir plus commodément la terre. Ces instruments, ce capital primitif sont bien à lui : d'un morceau de bois sans utilité appréciable, il a produit une valeur. Si, avec ses flèches, il tue un animal ; si, au moyen de son hoyau grossier, il cultive des graines, nul de ses semblables ne peut équitablement lui contester le droit de disposer de son gibier et de sa récolte. Et si, par un acte de violence, un plus fort s'en empare, cet acte de brutale usurpation ne sera qu'une nouvelle affirmation du droit de propriété.

Natures diverses de la propriété. — La propriété peut être mobilière : c'est celle des instruments et des substances conquises sur la nature, dont nous venons de parler. La propriété immobilière s'entend des habitations et constructions fixes; la propriété foncière se dit de la possession du sol.

A côté de ces formes très anciennes, les temps modernes ont vu se constituer la propriété intellectuelle : le droit, pour l'écrivain ou l'artiste, de disposer de la reproduction de ses œuvres. La reconnaissance légale de cette propriété s'est fait attendre et n'est même pas encore universellement consacrée. Il faut l'attribuer à la difficulté d'en déterminer l'existence et les limites ; il est aussi à penser que, jusqu'à présent, on a vu dans cette reconnaisance une utilité moindre pour la société.

Car la nécessité de satisfaire, à la fois, au droit naturel et à l'utilité sociale a certainement inspiré les législateurs de tous pays, dans leurs dispositions concernant la possession des biens. Il est même permis d'affirmer que c'est moins encore le profit de l'individu que l'intérêt général qui a dicté les garanties accordées au droit de propriété.

Objections contre la propriété foncière. — C'est, de toutes les propriétés, celle qui est le plus vivement contestée. La propriété foncière s'est pourtant constituée par le travail, comme les autres, et son maintien importe plus encore peut-être à la société.

Un colon défriche une parcelle de terrain vierge, la laboure et lui fait produire des fruits. Il détermine une utilité qui n'existait pas, et cette utilité ne se maintiendra que moyennant un travail incessant. Il se forme, pour ainsi dire, une nouvelle substance où la somme de travail incorporé, au bout de quelque temps, dépasse infiniment la valeur peu appréciable de la matière première.

Mais, disent les adversaires de la propriété, la valeur de cette matière première subsiste néanmoins. En outre, le sol ainsi approprié s'accroît non-seulement de la somme de travail incorporé par la propriétaire, mais de la plus-value résultant de l'activité sociale ; c'est-à-dire que la valeur d'un terrain augmente souvent, sans que le possesseur puisse dire qu'il y a sensiblement contribué.

A la première objection, l'économie politique répond par l'utilité que la société trouve à garantir la perpétuité des fruits à celui qui a mis la terre en valeur. Qui donc consentirait à défricher un sol qui ne porte naturellement que des épines et voudrait y laisser ses sueurs, et quelquefois son sang, si un contrat légal ne l'assurait d'une possession durable ? Et si les avantages d'une situation semblable sont si grands, comment se fait-il qu'il existe encore des espaces immenses dont la propriété est offerte à qui voudra les mettre en culture ?

Reste l'objection tirée de la plus-value provenant, non du seul propriétaire, mais de l'activité sociale. C'est surtout aux terrains occupés par les immeubles, dans les villes, que s'adresse cette attaque. Il est à remarquer d'abord que cette plus-value n'est pas absolue et que nous voyons journellement, après une période croissante, l'effet contraire se produire. Ensuite, la société ne prête pas gratuitement son concours, comme quelques-uns l'affirment.

En France notamment, les droits de mutation perçus par le fisc sont très lourds. De là, ce dicton parfaitement justifié que, tous les quinze ans, l'Etat encaisse la totalité de la valeur du sol et, en plus, la valeur des immeubles qui le couvrent. Cette redevance proportionnelle et croissante peut, avec raison, être regardée comme la compensation, aussi exacte que possible, des bénéfices résultant, pour une propriété, de sa situation dans un milieu social productif.

Propriété collective. — La propriété foncière a très probablement passé par un état d'indivision, avant d'être tout à fait individuelle. Quelques esprits estiment qu'un retour à ce régime primitif atténuerait les effets de l'inégalité des conditions ; ils proposent même d'étendre la possession et l'exploitation collectives à tous les capitaux.

Non seulement l'adoption d'une telle mesure serait attentatoire à la liberté et à la justice ;

mais, au rebours de ce que prétendent les réformateurs, il y aurait une diminution subite du bien-être pour le plus grand nombre. Car c'est méconnaître les lois les plus élémentaires de la production, d'attendre d'une exploitation collective les résultats que donne l'exploitation individuelle. Pour ne parler que de la propriété foncière, il suffit de comparer la situation de l'agriculture dans les pays où se voient encore des propriétés indivises : en Kabylie, en Russie, par exemple, avec celle des contrées où règne la propriété individuelle.

Au surplus, comment se constituerait cette propriété collective ? Par famille, par canton, par profession ? Mais les habitants des Basses-Alpes auraient autant de droit sur les riches terres de l'Artois et du Médoc que ceux qui les occupent actuellement. Et si les Cafres ou les Lapons se présentaient pour avoir leur part de ce qu'on déclarerait être le patrimoine commun de l'humanité, au nom de quel principe les exclueraiton ?

Le régime de la propriété collective est celui des sociétés barbares, et l'égalité des conditions est aussi chimérique que l'égalité des forces et l'unité des climats.

Transmission de la propriété. — On ne possède réellement une chose qu'autant qu'on peut en disposer, l'échanger ou la donner. Transmettre ses biens est un droit naturel que les lois n'ont pas créé, mais seulement réglé et garanti en vue de l'utilité sociale. Cette substitution d'une personne à une autre, dans la possession et la jouissance d'un capital, doit pouvoir s'exercer librement, à titre gratuit ou onéreux, du vivant du propriétaire ou après sa mort.

Or le droit de succession, partout admis, n'est qu'une des applications de ce principe absolu. Ou le possesseur défunt a désigné son héritier par testament, ou, par une fiction légale, certaines personnes sont reconnues d'avance comme aptes à succéder : les enfants d'abord ; à défaut d'enfants, les parents jusqu'à un degré indiqué par la loi. En reconnaissant un ordre naturel de succession, la société a voulu parer à l'incurie des particuliers et assurer la régularité des transmissions.

Supposons que la loi se refuse à garantir ce mode de transmission : le propriétaire d'un bien aurait toujours la faculté de le donner de son vivant. Mais la plus grave conséquence, c'est que le travail et l'épargne du père de famille perdraient leur principal stimulant. Au lieu d'accroître son capital, chacun en gaspillerait les fruits. Moins de prévoyants dans une société plus pauvre, tel serait le résultat de ce régime contre nature.

Limitation du droit de succession. — Faute d'héritiers, la collectivité, représentée par l'Etat, est quelquefois appelée à recueillir des biens. Mais plus un peuple est avancé en civilisation, plus ses lois restreignent les cas de retour à la communauté et étendent, au contraire, les degrés de capacité à succéder.

Le code civil français ne s'arrête, dans la désignation des ayants droit qu'aux extrêmes limites où il n'est, pour ainsi dire, plus possible de trouver une personne ayant eu un lien quelconque avec celui ou celle qui est décédé sans tester. Une mesure aussi libérale rencontre des critiques, et il a été parfois question de diminuer le nombre de degrés où les parents sont appelés à hériter, en l'absence de dispositions testamentaires.

Cette limitation n'équivaudrait, en réalité qu'à un nouvel impôt prélevé sur la fortune publique. Cela pourrait avoir un effet fiscal, mais on ne saurait en attendre une utilité sociale. Il importe, en effet, de ne point oublier que tout capital dévolu à l'Etat cesse ordinairement d'être productif, ou, en tout cas, ne l'est jamais autant qu'aux mains d'un particulier. Mieux vaut encore, pour l'intérêt général, qu'il tombe à des incapables ou à des prodigues ; ce n'est au moins, qu'une improductivité temporaire.

L'association. — Par son principe comme par ses effets, l'association est le contraire du système collectif. Au lieu d'être imposée, la communauté d'intérêts résulte d'un contrat librement consenti ; au lieu d'être entravée, la production trouve dans l'association un puissant auxiliaire.

L'association de deux ou plusieurs hommes, en vue d'une production, est aussi ancienne que le monde. Certaines industries l'ont pratiquée de tous temps : ainsi, les charbonniers en forêt et les pêcheurs sur mer. De nos jours, deux causes tendent à développer l'application de ce régime : l'extrême division du travail, qui nécessite un fractionnement de la direction, et l'emploi des machines où s'immobilisent des capitaux considérables.

Les combinaisons peuvent varier à l'infini ; mais, considérées dans les principes qui président à leur formation, les associations sont de trois sortes : 1° Associations de personnes, réunissant leurs efforts et leurs capitaux (sociétés en nom collectif) ; 2° associations de capitaux seulement (sociétés anonymes) ; 3° associations dites coopératives.

Association de personnes en nom collectif. — Plusieurs personnes réunissant leurs moyens de production, travail et capitaux, c'est le mode d'association le plus simple et le plus ancien, Les associés satisfont ainsi aux exigences de la division du travail ; ils réalisent une économie d'efforts, en spécialisant le travail de chacun ; les instruments, mis en commun, ou seront moins nombreux qu'ils ne l'eussent été dans des productions isolées, ou seront plus puissants, sans que la dépense augmente en proportion.

Cette forme d'association est aussi la plus complète. La responsabilité des contractants se trouve engagée pour tous les biens qu'ils possèdent.

Cependant, on rencontre quelquefois, dans ces sociétés, une catégorie d'associés, dits commanditaires, qui n'apportent que leurs capitaux et ne sont engagés que dans la limite de leur apport. Pour ceux-ci, l'association se réduit, en réalité, à une association de capitaux.

Association de capitaux. — Ce genre d'association, qui procède ordinairement sous forme de société anonyme, a seul rendu possible certaines grandes entreprises. Pour ne prendre qu'un exemple, nulle fortune personnelle n'aurait suffi à construire un réseau de chemin de fer. D'ailleurs, un particulier, eût-il le capital nécessaire, ne voudrait jamais engager tout ce qu'il possède dans une entreprise pareille.

Dans une compagnie anonyme, l'avoir social

est divisé en parts ou actions ; il devient alors possible d'étendre à l'infini le nombre de ceux qui participent à l'œuvre et facile de réaliser à mesure tous les capitaux désirables. En outre, chacun des contractants a la faculté de prendre la quantité de parts qui lui convient, et n'est engagé que pour le montant de ces parts ou actions : d'où une division et une limitation des risques.

Enfin, en associant les capitaux seulement, la production peut embrasser des entreprises à très longue échéance. Ce qui ne saurait avoir lieu dans une association de personnes en nom collectif, où la durée du contrat doit nécessairement être subordonnée à la brièveté de la vie humaine. Il faut, de plus, prévoir les cas de décès au cours de la société et les liquidations qui s'ensuivent.

L'association des capitaux présente donc ce triple avantage : puissance d'exécution à peu près illimitée, division des risques, durée et stabilité. Mais il est juste de reconnaître que les entreprises ainsi constituées laissent moins de place à l'initiative individuelle des collaborateurs et à l'action morale de la direction ; les abus de tous genres y surgissent et s'y perpétuent plus aisément.

Association coopérative. — L'association coopérative de production, la seule dont nous ayons à nous occuper en ce moment, participe des autres formes de sociétés dont il vient d'être parlé; elle s'en distingue pourtant par des traits particuliers.

Quoique le capital social soit divisé en parts ou actions, une société coopérative est une association de personnes et n'en doit jamais perdre le caractère ; en principe même, tous les possesseurs de parts sont des collaborateurs. De plus, chaque action représente généralement une somme peu importante, et assez souvent le nombre d'actions que peut posséder un même associé est limité par les statuts. Il s'ensuit en fait que le capital social est relativement plus faible que dans les associations autrement établies. Des deux facteurs de la production, travail et capital, c'est le premier qui doit tenir la place principale.

Les associations coopératives sont très intéressantes comme agents de production et comme instruments d'extension du bien-être au plus grand nombre. Mais, hormis de rares exceptions, elles n'ont donné jusqu'à présent que des résultats à peu près négatifs.

La direction parait surtout leur avoir fait défaut, la direction qui seule empêche la déperdition des efforts, assure la conservation des capitaux et fait produire au travail la plus grande somme d'utilité possible.

Chapitre III.

CIRCULATION

L'échange. — Le prix des choses. — Les instruments d'échange. — Le crédit. — Les transports. — Les douanes.

L'échange. — La circulation des richesses résulte des échanges que les hommes font entre eux ; c'est le complément indispensable de la production. Par l'échange, chacun de nous remplace la production directe par une production indirecte ; chacun suffit à l'ensemble de ses besoins, au moyen d'un travail spécial, utile à ses semblables.

L'échange ne peut s'établir qu'entre des êtres sociables, ayant le sentiment d'une complète solidarité d'intérêts. Aussi cette façon de pourvoir à ses besoins est le propre de l'homme. On s'est plu quelquefois à opposer au génie humain les pratiques industrieuses de certains animaux ; mais il est sans exemple qu'un animal ait procédé avec un autre, par voie d'échange.

Plus un état social est parfait, plus on y recourt à l'échange, et plus on en retire un accroissement de facultés pour satisfaire à ses besoins matériels, intellectuels et moraux. C'est que tout échange représente un double transfert de propriété qui doit profiter aux deux possesseurs. Et, en effet, si l'opération s'accomplit librement et sans fraude, chaque partie trouve avantage à céder l'utilité qu'elle détient contre celle qu'elle désire.

Moyens pour faciliter les échanges. — La circulation des richesses est d'autant plus active que les lieux d'échange sont plus nombreux et mieux répartis, le prix des choses moins élevé, les instruments d'échange plus parfaits, les transports à meilleur marché et les relations plus faciles de peuple à peuple.

La production, dans telles contrées, a davantage à attendre du concours de la nature : climat, fertilité du sol, gisements miniers. D'autre part, il est des milieux où, par un ensemble de circonstances, telles industries acquièrent une supériorité marquée.

Toute facilité apportée aux échanges tend donc à augmenter, en principe, la part de bien-être que les pays moins favorisés peuvent attendre de la circulation des richesses. L'échange, considéré comme une opération favorable entre deux individus, ne saurait perdre ce caractère lorsqu'il se pratique d'un peuple à un autre.

Lieux d'échange. — Les produits sont principalement échangés : dans les boutiques, entrepôts ou comptoirs, où les marchandises sont offertes en permanence à l'acheteur ; sur les marchés ou foires, où elles sont amenées à époques périodiques ; par le colportage, au moyen duquel les produits vont au-devant de la consommation.

Pour l'échange des services, nous voyons des bureaux de placement et des agences, chargés de mettre en rapport les intéressés. Il existe même de véritables marchés où se tiennent, dans certains pays et certaines industries, les personnes qui ont des services à louer.

L'existence de lieux d'échange et la présence d'intermédiaires pour la vente des produits est une facilité pour le consommateur ; leur nombre doit empêcher, par la concurrence, une hausse artificielle des produits.

Cependant, pour la circulation des richesses comme pour leur production, il faut prendre garde que la multiplicité des instruments et des moyens n'aggrave le prix des choses, au lieu de le diminuer. Un trop grand nombre de commerçants au détail, par exemple, contribue à renchérir les produits, dont la vente, trop divisée, supporte des frais relativement élevés.

Prix des choses. — Le prix des choses est la somme de monnaie qu'il faut payer pour se les procurer; il est indépendant de leur valeur ou utilité. L'air et l'eau ont une utilité de premier ordre et pourtant nous en jouissons gratuitement. Lorsque nous payons pour les obtenir, c'est le service que nous rétribuons et non la chose fournie.

Nous avons déjà observé combien la valeur est instable et combien l'action des facteurs qui la déterminent peut varier. Quand il faut traduire cette valeur en monnaie, lui fixer un prix, on peut dire que l'ordre des facteurs s'intervertit: c'est plutôt la rareté, ou, autrement dit, la quantité plus ou moins grande des choses mises en circulation, qui influe dans cette fixation.

Le prix sera donc instable comme la valeur; mais, pas plus qu'elle, il n'est arbitraire. Il se dégage, par la concurrence, d'un accord entre les facultés du producteur et les facultés du consommateur.

Prix de revient et prix du marché. — Les facultés du producteur sont limitées par son prix de revient, en dessous duquel il ne saurait volontairement descendre.

Ce prix de revient, ou prix naturel, doit comprendre toutes les avances faites par le producteur : 1° le coût de la matière première ou des marchandises ouvrées, grossi des frais de transport et des droits de douane, s'il y en a ; 2° le salaire de ceux qui ont contribué à la production ; 3° l'intérêt du capital sous toutes ses formes : intérêt des sommes employées ou fermages, amortissement du matériel ; 4° les frais généraux : impôt, loyer, éclairage, chauffage, etc. ; 5° enfin, la rémunération du travail du producteur lui-même. Dans l'agriculture et les industries qui s'exercent sur les substances alimentaires, la rémunération de ce travail personnel se perçoit, tout ou partie, par un prélèvement en nature, sous forme de consommation.

A cette rémunération, le producteur cherche légitimement à ajouter un bénéfice. Mais c'est alors que la loi de l'offre et de la demande intervient, et le prix du marché, différent du prix naturel, décide seul du bénéfice ou de la perte.

Il se peut, en effet, que le prix de revient dépasse les facultés du consommateur : soit parce que l'utilité du produit ne sera pas en rapport avec le prix demandé ; soit parce que la quantité offerte excèdera ses besoins. Il se peut aussi qu'un concurrent ait un prix de revient moindre et offre la même utilité à meilleur marché. Le premier producteur se trouve alors en perte, et ne peut continuer sa production qu'aux dépens de son capital.

Instruments d'échange. — « Les produits, a dit J.-B. Say, s'échangent contre des produits ». La même formule s'applique aux services. Mais l'échange des uns contre les autres est rarement direct, et le plus souvent l'échange suppose une double opération. Nous livrons nos produits ou services contre une quantité de monnaie ; puis nous échangeons cette monnaie contre d'autres services ou produits.

La monnaie, dans son rôle d'instruments d'échange, affecte deux formes principales : elle est métallique ou fiduciaire.

La monnaie métallique est d'or, d'argent, de billon, de cuivre ou de tout autre métal inférieur. Cette monnaie a pour caractère particulier de porter en soi une valeur intrinsèque ; elle est à la fois le signe et le gage de la valeur, pour laquelle on la donne et l'accepte.

La monnaie fiduciaire se présente sous forme de billets de banque, effets de commerce, papier-monnaie. Contrairement aux espèces métalliques, ces titres ne sont, à des degrés différents, que les signes d'une valeur présumée, déposée ailleurs et à l'existence de laquelle nous avons foi. « Fiduciaire » est, d'ailleurs, dérivé de *fiducia*, confiance.

Monnaie métallique — La quantité de numéraire que possède un pays n'est nullement un signe certain de sa prospérité commerciale. La France possède plus de 4 milliards de monnaie d'or et près de 3 milliards de monnaie d'argent. L'Angleterre n'a que 3 milliards 1/2 d'espèces, dont 500 millions en argent. Les États-Unis d'Amérique ont 3 milliards d'or et 1 milliard 1/2 d'argent. La circulation métallique, en Allemagne, est d'un peu plus de 3 milliards, et, en Italie, de 1,100 millions.

Les 7 milliards de la France constituent assurément une richesse, mais d'importance secondaire, mise en regard d'un capital national évalué à plus de 200 milliards. C'est une réserve de capitaux non lucratifs, qui peut, à un moment donné, avoir une utilité.

Néanmoins, on observe qu'il serait préférable pour notre pays de posséder quelques milliards de moins en numéraire et quelques milliards de plus en instruments de production. D'une part, la monnaie fiduciaire supplée avantageusement la monnaie métallique, comme nous le constaterons plus loin. D'autre part, les espèces monnayées sont, non seulement une richesse non lucrative, mais un capital coûteux d'entretien. Enfin leur valeur est sujette à des dépréciations.

Monométallisme et bimétallisme. — On donne le nom de monométallisme au système qui n'admet qu'un seul métal pour mesurer la valeur des choses. Le bimétallisme fait servir à cet usage plusieurs métaux, dans un rapport déterminé, et leur attribue un pouvoir libératoire égal dans les échanges. En France, le rapport légal de l'or à l'argent est de 15 1/2 à 1.

Les métaux monnayés, n'étant qu'une marchandise de compensation, doivent tous représenter la valeur intrinsèque pour laquelle ils ont cours. Mais il est aussi impossible de maintenir un rapport absolu de valeur entre deux métaux qu'entre un seul métal et toute autre marchandise. Il s'ensuit que, chez les peuples bimétallistes, il y a toujours un métal préféré à l'autre.

Pour ne parler que des métaux précieux, le rapport entre l'argent et l'or a constamment varié (de 10 à 20 pour 1). Hormis des périodes de durée limitée, l'argent, depuis cinq cents ans, a une tendance à valoir, comparativement moins que l'or. Ce qui revient à dire que pour payer un même poids d'or, il a fallu, de siècle en siècle, un poids d'argent plus grand.

Cette dépréciation relative tient à plusieurs causes : 1° La production naturelle de l'argent, mise en regard des besoins, suit une progression plus marquée que celle de l'or ; 2° avec l'accroissement des richesses, les nations civilisées délaissent un métal lourd et encombrant comme monnaie, et même pour les usages industriels, l'or a une faveur marquée sur l'argent.

Autrement dit, l'argent perd à la fois de sa rareté relative et de son utilité générale, c'est-à-dire de sa valeur au regard de l'or.

Effets de la dépréciation de l'argent. — Lorsqu'un métal se déprécie, la circulation, à l'état de monnaie, en devient plus restreinte. Il est impossible de le faire accepter sans perte, en dehors du rayon où il a cours égal. De plus, le débiteur, pour se libérer, ayant le choix entre plusieurs instruments d'un pouvoir égal, recherche naturellement celui qui est à meilleur marché. La spéculation développe alors la frappe du métal déprécié, dans une mesure qui accroît encore la quantité des espèces déjà offertes.

Pour parer à ces inconvénients, on a proposé diverses mesures. Le rayon où la monnaie circule légalement peut être étendu, au moyen de conventions internationales : c'est ce qui a été fait par la création de l'Union latine. La loi peut aussi limiter la frappe des monnaies. Mais ces mesures atténuent les effets de la dépréciation sans les supprimer.

D'abord, les conventions ne sauraient embrasser toutes les nations sans exception. Celles qui restent en dehors conservent cette situation privilégiée, d'exiger le montant de leurs créances en métal fort et de payer leurs dettes en métal faible. En outre, même entre les peuples liés par une même convention, ceux qui sont débiteurs des autres, solderont toujours leurs différences avec le métal le plus avantageux pour eux. Ce qui explique en partie l'affluence de la monnaie d'argent dans les banques françaises.

L'étalon monétaire unique. — A mesure qu'elle devient plus active, la circulation réclame des instruments plus parfaits. Les métaux en général se sont d'abord substitués aux autres marchandises, comme unité de valeur et comme instruments d'échange. C'est maintenant vers l'adoption d'un seul métal pour étalon, que doivent tendre tous les systèmes monétaires.

La nature et les lois économiques indiquent l'or pour remplir ce rôle dans la circulation. En fait, il est déjà le type auquel on ramène les autres richesses. Les espèces d'argent, de billon, de cuivre, de nickel, ne seront plus appelées à circuler qu'à titre de monnaie d'appoint, en quantité déterminée et dans un rayon restreint, sous la garantie des Etats qui les auront émises.

En dehors des nations mêlées au grand mouvement de circulation, il existe des contrées où l'échange est encore à l'état rudimentaire. Quelques-uns de ces pays sont même dépourvus jusqu'à présent de monnaie métallique. C'est par eux que doit s'effectuer l'absorption des métaux inférieurs, dont le pouvoir d'achat sera, pour longtemps, suffisant à une circulation peu développée.

Monnaie fiduciaire. — L'emploi de cette monnaie va sans cesse s'accroissant, à cause des avantages particuliers qu'elle offre pour l'échange. Les titres fiduciaires peuvent, en effet, renfermer les plus fortes valeurs sous un minime volume ; ils économisent le transport des espèces ; ils permettent aussi de donner un emploi lucratif au capital que leur émission laisse disponible.

La circulation de la monnaie fiduciaire est d'autant mieux assurée qu'elle suppose un gage de valeur plus certain : c'est-à-dire, qu'elle se rapproche davantage de l'autre monnaie. Considérés sous ce rapport, les instruments fiduciaires se classent dans l'ordre décroissant ci-après : Billet de banque, Chèque, Warrant, Billet à ordre, Lettre de change, Papier-monnaie.

Toutes ces formes de la monnaie fiduciaire, sauf le papier-monnaie, sont justement regardées comme des instruments de circulation supérieurs à la monnaie métallique.

Billet de banque. — Le billet de banque, qu'il soit émis par une banque d'Etat ou par un établissement privé, est la représentation d'une valeur certaine. Son émission est gagée : ou par une encaisse métallique, ou par des effets de commerce acceptés à l'escompte, ou par des dépôts, en titres ou lingots, sur lesquels des avances ont été consenties.

Il possède l'avantage d'être au porteur et transmissible comme la monnaie ; de représenter, comme elle, une valeur ronde et fixe ; d'être payable à vue et toujours exigible ; de porter une signature connue. Ces qualités exceptionnelles ont permis à un économiste, M. Cernuschi, d'appeler les billets de banque : « de l'or supposé ».

En France, la circulation de ces billets dépasse 3 milliards. Il est vrai que, par ce fait, on immobilise pour 1 milliard 1/2 au moins de numéraire d'or et d'argent, dont le dépôt garantit le paiement à vue des billets. Cette circulation fiduciaire est quelquefois critiquée comme excessive. Cependant, il faut admettre qu'elle correspond à un besoin, puisque chaque billet qui sort des guichets de la banque de France a été demandé. S'il s'en trouvait seulement un de trop en circulation, ce billet se présenterait certainement au remboursement, pour ne plus ressortir de la Banque.

Effets de commerce. — Sous ce nom générique, on comprend les titres négociables et transmissibles par voie de simple endossement : chèque, warrant, billet à ordre et lettre de change. Ce sont de véritables monnaies, aussi bien que le billet de banque, mais avec quelque différence.

Hormis le chèque, ils sont toujours nominatifs, et chaque transmission nécessite la signature du cédant ; ils ne se chiffrent pas par somme ronde, sont payables à échéances fixes et peuvent être prescrits ; enfin les signatures qu'ils portent n'ont qu'une notorité le plus souvent insuffisante.

La différence n'est pas moindre, sous le rapport du gage. Pour le chèque et le warrant seuls, il y a provision certaine. Mais aucun contrôle ne nous garantit, quand nous recevons un chèque, qu'il est régulièrement émis ; de son côté, la valeur de la marchandise représentée par le warrant exige une vérification. Quant au billet à ordre et à la lettre de change, ils ont leur contrepartie dans les capitaux de toute nature possédés par les signataires ; toutefois, ce n'est qu'un gage probable. Enfin, la réalisation en espèces de tous ces effets peut subir des retards et nécessiter des formalités.

Mais ces causes réelles d'infériorité sur la monnaie métallique, les effets de commerce les compensent par d'immenses avantages. Aussi interviennent-ils comme instruments d'échange dans la plupart des transactions. Les pertes accidentelles qui en résultent, dans la circulation fiduciaire, sont à peine comparables aux pertes provenant, dans la circulation métallique, des pièces fausses ou hors de cours.

Papier-monnaie. — C'est le nom donné aux coupures émises, avec cours légal et forcé, par les pouvoirs publics, nationaux ou locaux. Certaines parties du domaine public ou certains revenus éventuels du fisc sont, d'ordinaire, assignés en garantie de ces émissions. Mais le gage est plus moral qu'effectif, et, en tous cas, le remboursement en espèces du papier-monnaie ne saurait être poursuivi par des moyens exécutoires.

Cette monnaie occupe donc le dernier rang parmi les instruments d'échange ; elle subit toujours une dépréciation marquée, au regard des autres. C'est, en fait, un emprunt déguisé, dont le remboursement ne s'effectue généralement qu'au moyen d'un emprunt régulier. Sa seule raison d'être est de parer à un besoin public et de faciliter, en temps de crise, une circulation que paralyserait le défaut d'espèces métalliques.

Un des plus frappants exemples du danger qui accompagne la création du papier-monnaie, ce sont les assignats nationaux, émis en France, pendant la période de 1789 à 1796. La somme nominale de ces assignats dépassa 45 milliards. Ils subirent des dépréciations successives et tombèrent au cours de 36 centimes pour 100 francs.

Quelquefois les gouvernements se bornent à établir le cours forcé des billets de banque. Tant que les billets ont leur contre-partie effective en numéraire, valeurs en portefeuille ou dépôts, ils forment une monnaie de tout repos, n'ayant d'autre inconvénient que de ne pouvoir franchir sans perte la frontière. Si une partie de l'émission est faite à découvert, on commence à se trouver en face d'un véritable papier-monnaie.

Le crédit. — La monnaie fiduciaire a pris son origine dans le crédit ; du reste, si « fiduciaire » vient de foi, « crédit » vient de *credere*, croire. Tout crédit, de son côté, suppose un prêt de la part de celui qui le consent, et le prêt lui-même n'est qu'une des nombreuses formes de l'échange.

Ainsi nous avons tous besoin d'un logement. Mais, pour la plupart d'entre nous, il est impossible de se procurer une maison au moyen d'un simple échange, parce qu'il n'est pas en notre pouvoir d'en fournir l'équivalence. Que faisons-nous alors ? A défaut de la chose, nous nous en procurons l'usage. Nous échangeons, contre le prêt d'une habitation, une partie de nos services ou produits convertis en monnaie.

Mais, si la chose prêtée, au lieu d'être un immeuble, doit être transformée ou ne doit pas rester entre nos mains, il ne nous sera plus possible de la rendre en l'état où nous l'avons reçue. Dans ce cas, nous promettons de restituer l'équivalent, à une époque fixée. Il y a, comme on dit, échéance prise : c'est le premier pas dans la voie du crédit.

Si les deux parties conviennent ensuite que le titre de la créance sera transmissible, un second pas est franchi. Le prêteur ou vendeur est en possession d'une véritable monnaie, jouissant d'un pouvoir libératoire ; son titre passera de main en main, jusqu'au jour de l'échéance, et facilitera toute une série d'échanges successifs.

Effets du crédit. — Lorsqu'on étudie les effets du crédit, il importe de distinguer entre le crédit destiné à favoriser ou alimenter la production et le crédit de consommation. On a dit avec raison que ce dernier n'est guère que la faculté de s'endetter. Loin d'être productif, il tend à renchérir toutes choses, pour ceux qui usent du crédit et même pour ceux qui n'en usent pas : car les risques résultant du crédit doivent être supportés par tous les acheteurs. Le papier-monnaie ne représente qu'un crédit de consommation, et trop souvent, de consommation accomplie.

Quant au crédit de production, il a pour effet de procurer à celui qui manque de capitaux la disposition des capitaux que leurs possesseurs ne peuvent ou ne veulent pas faire produire eux-mêmes. Non seulement, par cette combinaison il n'y a plus de capital inactif, mais le crédit met le capital aux mains les plus capables d'en tirer profit.

Si un fabricant d'étoffes, par exemple, ne jouissait pas d'un crédit chez celui qui lui fournit les matières premières, il ne pourrait pas lui-même accorder un crédit à ceux qui emploient ses étoffes. La fabrique serait menacée à tout moment de suspendre sa production; de plus, les matières premières immobilisées et les tissus en magasin seraient des richesses sans utilité pour la société.

Cependant, ce serait une erreur de croire que, dans la circulation créée par le crédit, il y a multiplication de capitaux. Les valeurs fiduciaires ne sont nullement des richesses réelles qui viennent s'ajouter aux autres. Il en résulte seulement un plus grand nombre d'instruments d'échange et plus de facilité pour le travail à former de nouveaux capitaux.

Les banques. — Les opérations d'échange où intervient le crédit exigent presque toujours le concours des banques. Cette industrie a débuté par le change des monnaies d'or ou d'argent, à une époque où leur diversité nécessitait des arbitres et des intermédiaires. Puis les banques ont gardé en dépôt les espèces sans emploi, ainsi que les lingots, bijoux et titres. Cela devait les conduire à ouvrir des crédits aux déposants et parfois à transférer les sommes déposées d'un nom à l'autre.

Peu à peu, les négociants trouvèrent commode de se transmettre en paiement leurs récépissés de dépôt. Une portion du numéraire restait ainsi dans les caisses. Les banquiers s'avisèrent alors d'utiliser ces réserves : ce qui devait leur permettre de payer un léger intérêt aux déposants, au lieu de percevoir un droit de garde. Mais, pour employer des sommes qui ne sont généralement confiées que pour peu de temps, il fallait un mode de placement à terme court. Les banquiers le trouvèrent dans l'escompte des billets ou traites de commerce, dont l'échéance, sauf exception, n'excède pas 90 jours.

Recevoir des dépôts, puis faire des avances sur les créances ou les escompter en totalité, sont encore les deux opérations fondamentales de toute banque. Il en est une troisième, mais la loi la réserve presque partout à des établissements privilégiés : c'est l'émission des récépissés au porteur, autrement dits billets de banque.

Banques privées et banques publiques. — Les banques privées ne sont que des établissements industriels fonctionnant sous le droit commun.

Les banques publiques sont des institutions que la loi oblige à fournir des garanties spéciales et qu'elle investit de certaines prérogatives : notamment, du droit d'émettre des billets au porteur. Toutefois, il est des pays, comme les États-Unis d'Amérique, où la législation autorise, sous des conditions déterminées, l'émission des billets par les banques privées. D'autre part, des banques publiques et privilégiées, comme celles de France et d'Angleterre, n'en conservent pas moins leur caractère d'entreprises privées : c'est-à-dire que les bénéfices ou pertes résultant de l'exploitation incombent aux actionnaires qui ont fourni le capital de fondation.

Les plus anciennes banques publiques sont celles de Venise (1156), Gênes (1407), Amsterdam (1609), Hambourg (1619). C'étaient de simples banques de dépôts, officiellement instituées pour recevoir les monnaies de toute provenance. Les espèces étaient portées au crédit des déposants, après avoir été ramenées à leur valeur intrinsèque. Ce fut la banque de Stockolm (1668) qui inaugura les récépissés au porteur ; mais l'escompte des valeurs restait aux banques privées. La banque d'Angleterre (1694) fut la première fondée sur le double principe de l'escompte des effets et de l'émission des billets.

La banque de France, instituée en l'an XI, n'a été définitivement organisée qu'en 1836. D'autres banques furent ouvertes dans les départements ; mais, par suite de leur réunion, en 1848, à la banque de France, cet établissement reste seul en possession du privilège d'émettre des billets. Le capital social, qui était à l'origine de 45 millions, est maintenant de 182 millions et demi. La réserve métallique doit toujours être du tiers au moins des billets en circulation.

L'escompte et le change. — Les banques d'émission ont cet immense avantage de se procurer, par leurs billets, un capital circulant qui ne coûte aucun intérêt. Mais elles le mettent en partie, par l'escompte, au service du crédit public. Lorsque le taux de cet escompte s'élève, c'est à cause de l'obligation où se trouvent les banques de défendre leur encaisse métallique, laquelle ne doit pas descendre au-dessous d'un certain chiffre. Or les retraits d'espèces ont surtout lieu quand une insuffisance de récolte, des armements ou toute autre cause nécessite une exportation de numéraire. Les banques sont averties de ces retraits éventuels par le cours du change.

Il existe, sur les grandes places commerciales, un marché spécial pour la négociation des lettres de change payables à l'étranger. Ces valeurs représentent nos créances sur le dehors, nos exportations. Le négociant français qui importe, recherche ce papier pour payer ses achats. C'est pour lui un moyen plus commode et moins coûteux que ne le serait un envoi de numéraire d'or et d'argent. Le papier sur l'étranger sera donc d'autant plus recherché que nous aurons davantage acheté au dehors. En d'autres termes, la cherté du change est un signe que nous sommes, pour le moment, débiteurs de l'étranger et qu'une sortie de numéraire est à prévoir.

L'élévation du taux de l'escompte a pour effet d'enrayer la demande d'espèces : car c'est une loi générale, que le renchérissement d'une marchandise en ralentit aussitôt la consommation. Mais il peut arriver que ces mesures de défense soient insuffisantes et que les pouvoirs publics suspendent le remboursement des billets. En tout cas, la hausse de l'escompte équivaut à une diminution de l'actif des commerçants : tous les effets qu'ils ont en portefeuille et tous ceux qu'ils émettront devront subir une dépréciation plus marquée, au moment d'entrer dans la circulation.

Moyens de transport. — La multiplication des instruments de crédit a naturellement suivi l'extension de la circulation des richesses. Mais cette circulation même est, tout d'abord, subordonnée aux facilités qu'ont les produits pour arriver aux lieux d'échange.

Le premier obstacle à la circulation des richesses est d'ordre naturel : il provient de la distance à franchir. Nous ne pouvons, en réalité, supprimer les distances ; mais les moyens de transport peuvent être plus nombreux, plus rapides et moins coûteux. La rapidité des transports permet le déplacement des substances d'une conservation limitée ; pour toutes les marchandises, on y gagne d'immobiliser le moins longtemps possible le capital qu'elles représentent. Quant au bon marché, c'est de toutes les conditions la plus importante ; car les frais de transport, pour certains produits, peuvent dépasser de beaucoup leur valeur première.

En France, la circulation représente, par jour et par individu, le transport à une distance moyenne d'un kilomètre, de plus d'une tonne et demie de produits de toute nature. Du reste, à ne parler que de l'alimentation, chaque litre de vin contenu dans une barrique ordinaire et transporté à 300 kilomètres seulement, représente, avec le poids mort du fût, un déplacement kilométrique de 375 kilogrammes ; une livre de café, venant du Brésil, équivaut à un transport kilométrique de cinq tonnes et demie ; une douzaine d'œufs, expédiée à une distance de 50 kilomètres, est égale, avec l'emballage, à 35 kilogrammes.

Le déplacement d'une tonne et demie de marchandises, effectué à dos d'homme, correspondrait à une dépense journalière de 5 francs par consommateur français ; à dos de mulet, ce serait encore 1 fr. 50 ; avec l'emploi combiné du roulage, des chemins de fer et de la navigation, la dépense moyenne, par individu et par jour, descend à 15 centimes.

Les douanes. — Tout ce que nous avons dit de la circulation s'entend du commerce intérieur et du commerce extérieur. Mais il est un obstacle spécial au commerce international, qui entrave ou ferme quelquefois l'accès des lieux d'échange : ce sont les taxes ou droits de douanes établis aux frontières. Comme les Etats ont des nécessités fiscales et que la douane est une forme de l'impôt, on ne saurait en condamner entièrement l'existence. Mais selon la nature des marchandises taxées, ces droits seront susceptibles d'appréciations différentes.

En premier lieu, ils peuvent frapper des substances qu'un pays ne produit pas ou produit en quantité notoirement insuffisante. Si ce sont des articles dont la consommation n'est pas indispensable, la perception des droits est une source de revenus des plus légitimes : ainsi, en France, le café, le cacao, le tabac. Au contraire, imposer lourdement des matières premières, destinées à alimenter l'industrie, ce serait tarir la production nationale et lui interdire l'exportation des objets fabriqués : par exemple, la soie, la laine, le coton, les cuirs.

Mais les droits de douane peuvent aussi atteindre des produits naturels ou industriels, similaires de ceux que le pays fournit. Il importe alors d'observer deux choses : si les droits imposés à la frontière ne grèveront pas, d'une façon indirecte, le travail national, en élevant le prix des aliments ou des instruments de production : si l'on ne fera pas injustement supporter par la généralité des citoyens une hausse dont profitera seulement un nombre de privilégiés.

La liberté des échanges. — En principe, la circulation étant le complément nécessaire de la production, la liberté paraît aussi indispensable à l'une qu'à l'autre. Par conséquent, tout ce qui s'oppose à la liberté des échanges est préjudiciable au bien-être général, du peuple acheteur aussi bien que du vendeur.

Chez les nations modernes surtout, il y aurait inconséquence à ne point viser à une liberté absolue. D'énormes efforts et d'immenses capitaux ont été consacrés à multiplier les moyens de circulation, à aplanir les accidents naturels, à créer des voies et des ports. Va-t-on annuler tant de résultats acquis, en remplaçant les obstacles géographiques par des barrières artificielles ?

Si les droits de douane restent une mesure fiscale nécessaire, il convient, dans la plupart des cas, d'en user avec modération. L'abaissement des tarifs est toujours compensé par une circulation plus grande. Au contraire, les taxes excessives donnent souvent un rendement moindre. En tous cas, l'abus des droits sur les produits étrangers ne procure à une nation qu'une prospérité factice, souvent partielle et toujours temporaire.

Les adversaires de la liberté en matière d'échanges se classent en trois groupes, selon qu'ils invoquent, de préférence, les arguments empruntés à la balance de commerce, au système mercantile ou au système protectionniste.

Balance du commerce et système mercantile. — Les partisans de ces deux systèmes ont un point commun : c'est sur l'écart entre les exportations et les importations qu'ils établissent leur argumentation. Mais les premiers se préoccupent plutôt de la sortie du numéraire, estimant que tout excédent des importations sur les exportations se solde en espèces. Les seconds prétendent qu'une nation, comme un particulier, ne peut gagner que sur ses ventes ; en conséquence, si le chiffre des ventes-exportations est inférieur au chiffre des achats-importations, c'est autant de perdu pour le pays.

Aux uns et aux autres on peut répondre que les tableaux de sortie et ceux d'entrée reposent sur des bases toutes différentes. A la sortie, une marchandise exportée est estimée à son prix brut de revient. A l'entrée les prix se trouvent grossis des frais de transport, d'assurance et de commission. En second lieu, comme en un temps donné, tous les produits sont compensés par d'autre produits, il faut admettre qu'une partie de la valeur des importations représente les bénéfices réalisés à l'étranger sur nos ventes.

Un exemple classique démontre combien est fausse la théorie de la balance du commerce. Un navire, chargé d'une pacotille valant 100,000 francs, sort d'un port français. Ces marchandises sont échangées contre de la poudre d'or, de l'ivoire ou des fourrures, représentant une valeur double. Tout le monde pensera que le trafiquant a gagné 100,000 francs et que la France s'est enrichie d'autant. Non, dira la statistique du commerce extérieur : il y a 200,000 francs d'importation contre 100,000 d'exportation ; donc le pays est en perte. Que si, au contraire, le navire vient à faire naufrage, la statistique enregistrera une sortie de 100,000 francs, sans rien en regard, et pourra prétendre que c'est autant de gagné !

Enfin, il faut encore tenir compte que les vieux pays industriels sont créanciers du monde entier.

Pour la France, l'intérêt annuel de ces créances est évalué à plus d'un demi-milliard. Suivant la loi de l'échange, cette somme nous est certainement payée en produits étrangers. Ce qui explique que les pays neufs ont presque toujours des exportations supérieures à leurs importations. D'ailleurs, il est un fait incontestable, c'est que la quantité de métaux précieux possédés par la France va en s'accroissant. Il ne devrait plus, cependant, lui rester un écu, si la différence entre les exportations et les importations se soldait en espèces.

Système protectionniste. — Ce système repose sur cette idée, séduisante à première vue, qu'en empêchant l'admission des produits étrangers, on favorise le travail national. Les partisans du système ajoutent : qu'un peuple doit se suffire, en produisant tout ce qui lui est nécessaire ; qu'il est des industries dont l'état de faiblesse exige la protection ; qu'enfin, tout consommateur étant aussi producteur, personne n'est lésé par l'établissement des droits protecteurs.

Tout d'abord, il serait contraire au bon sens qu'une nation embrassât toutes les productions, au lieu de porter ses efforts sur celles que son sol ou ses aptitudes lui indiquent. Pas plus qu'un individu, un pays n'a intérêt à pourvoir directement à tous ses besoins ; c'est l'échange qui doit compléter la production.

Vient ensuite l'argument tiré de la faiblesse de certaines industries. Mais comment établir avec équité le degré de protection nécessaire à chacune? Toute restriction artificielle de la concurrence provoque un renchérissement ; tout avantage accordé à une industrie, l'est aux dépens d'une autre. N'est-ce pas alors prendre dans la poche d'une partie des contribuables, au profit de quelques autres ?

Ainsi, les droits sur les filés de coton protègent les filateurs au détriment des fabricants de tissus ; les droits sur les fers grèvent la totalité de l'outillage français ; les taxes sur le blé pèsent sur tous ceux qui n'en vendent pas, c'est-à-dire sur les cinq sixièmes de la population française. En regard, nous voyons l'agriculture anglaise, en butte à la libre concurrence étrangère, plus florissante que celle de maint pays, placé sous un climat plus favorable et que ses douanes sont censées protéger.

Restent les raisons tirées de la double qualité de producteur et de consommateur, que tout homme réunit en sa personne : il y a longtemps que Bastiat y a répondu. Quel est, dit cet économiste, le désir secret de tout producteur ? Rareté des produits et cherté. Quel est le désir de tout consommateur ? Abondance et bon marché.

Il n'y a pas à hésiter. C'est pour le dernier qu'il faut prendre parti : son désir est beaucoup plus moral, plus humain, plus conforme à l'intérêt général.

Moyens pour atténuer l'effet des taxes. — Plusieurs expédients ont été mis en pratique, afin de concilier la protection avec la liberté des échanges : notamment les primes d'exportation, l'admission temporaire, les traités de commerce.

Supposons qu'une prime de 10 % soit allouée pour l'exportation d'un produit coûtant 10 francs au producteur. Il se peut fort bien que celui-ci trouve, dans la prime, un bénéfice suffisant. Mais, au demeurant, quel sera le résultat de cette opération ? Le pays aura vendu à l'étranger, pour le prix de 10 francs, un article qui lui en a coûté 11, en réalité : 10 francs de production et 1 franc de subvention.

L'admission temporaire des matières destinées à être réexportées après qu'on les aura manufacturées, comporte le remboursement des droits perçus à l'entrée. Seulement, les formalités sont telles que la production en est forcément entravée. De plus, il est impossible à un industriel, dans la plupart des cas, de savoir d'avance si l'article fabriqué sera vendu à l'intérieur ou à l'extérieur. Aussi accuse-t-on le régime de l'admission de profiter à la fraude plutôt qu'aux opérations régulières.

Les traités de commerce sont regardés comme un acheminement vers la liberté des échanges. Ils ont cet avantage d'offrir un régime stable, et pour une durée déterminée, aux transactions de pays à pays. Néanmoins, on ne saurait nier que tout traité est nécessairement plus favorable à certaines catégories d'industrie. Dès lors, la difficulté subsiste : dans quelle mesure telle ou telle production a-t-elle besoin d'être protégée? En outre, aucun des peuples contractants n'a la certitude que les avantages qui lui sont accordés correspondent exactement à la somme de ses propres concessions. On voit assez fréquemment les parties s'empresser, à l'échéance, de dénoncer, d'un commun accord, un traité que l'une et l'autre qualifient d'onéreux pour leurs nationaux respectifs.

Au résumé, tous les moyens employés pour atténuer les effets des droits protecteurs sont des expédients. Aucun ne satisfait aux principes de liberté, de justice et d'extension du bien-être au plus grand nombre.

Chapitre IV

RÉPARTITION

Le Salaire. — Inégalités et hausse des Salaires. — Règlementation des Salaires. — Revenu. — Légitimité du loyer et de l'intérêt. — Limitation du loyer et de l'intérêt.

Comment s'établit la répartition. — Les richesses doivent légitimement se répartir entre tous ceux qui ont concouru à leur production et à leur mise en circulation. Nous avons constaté l'intervention de trois facteurs : le travail, le capital et la nature. Mais les forces naturelles et les éléments non appropriés prêtent gratuitement leur concours ; il ne reste donc, pour se partager les produits, que les représentants du travail et du capital.

La part revenant au travail reçoit le nom générique de salaire. Sous ce titre, l'économie politique comprend non seulement les salaires proprement dits, mais les gages, appointements, soldes, traitements et honoraires de tous genres.

La part attribuée au capital s'appelle revenu.

On lui donne plus particulièrement les noms de : fermage, lorsqu'il s'applique à des terres ou à des agents naturels appropriés ; loyer, si ce sont des immeubles ou des outils ; intérêt, s'il s'agit d'espèces ou de marchandises.

Un grand nombre d'individus réunissent en leur personne la double qualité de salarié et de capitaliste. Ainsi un ouvrier, porteur d'un livret de caisse d'épargne ou d'un titre de rente, et un homme de condition aisée, qui touche des jetons comme administrateur d'une entreprise, participent, l'un et l'autre, de deux manières, à la répartition des richesses. De même, travail et capital sont parfois fournis par un seul, et alors il n'y a pas lieu de distinguer dans la répartition.

Le salaire. — On peut dire, d'une façon générale, que le salaire est le prix de tout service devant déterminer une utilité. La rétribution des services a lieu : soit en raison du temps ou de la quantité de travail fourni ; soit d'après un tarif convenu pour chaque unité de travail ; soit encore, moyennant un prix pour la totalité du travail. Les services d'un ouvrier à la journée ou à la tâche, d'un domestique, d'un employé, d'un fonctionnaire, sont dans le premier cas ; les visites d'un médecin, les cachets d'un professeur, les courses d'un commissionnaire, appartiennent à la seconde catégorie ; les honoraires d'un avocat à la troisième.

Le salaire a ce caractère spécial : d'être acquis au moment où le service est rendu, et d'être le plus souvent payé, sans qu'on puisse préjuger des résultats de l'utilité produite. En toute circonstance et sous ses innombrables formes, le salaire est toujours une avance faite par le capital.

Lorsque travail et capital, en des mains différentes, concourent à une même production, il se forme une association de fait entre les deux parties. L'entrepreneur, qui représente le capital, assume tous les risques et fournit toutes les avances ; l'ouvrier ou employé cède, par anticipation et moyennant un prix ferme, sa part éventuelle dans des bénéfices incertains. Le taux du salaire se dégage alors d'un accord entre les facultés des deux parties. Le minimum est ce qui est indispensable au salarié pour subvenir à son existence ; le maximum est la somme au-dessus de laquelle l'entrepreneur compromettrait son profit ou serait en perte.

Taux des salaires. — Le prix des services comme le prix des choses, est régi, qu'on le veuille ou non, par la loi de l'offre et de la demande. Nul pouvoir ne fera qu'une utilité plus ou moins grande soit attribuée à tels ou tels travaux ; de même, on rencontrera toujours plus ou moins de facilité à se procurer les hommes qui les accomplissent.

Aussitôt qu'un de ces deux éléments : utilité, réelle ou fictive, et rareté, accidentelle ou permanente, intervient dans une mesure différente, le taux des salaires tend à s'élever ou à s'abaisser. Une récolte abondante ou l'introduction d'une mode nouvelle fait immédiatement hausser le prix de la main-d'œuvre pour certaines classes de travailleurs. Au contraire, l'emploi des nouveaux procédés pour l'illustration des livres, tout en créant une importante catégorie de salaires très rémunérateurs, a diminué les gains des graveurs au burin.

On peut ajouter que, pour les services comme pour les choses, c'est surtout la rareté relative qui en fait le prix. Ainsi, l'instruction, longtemps accessible au petit nombre seulement, ne confère plus, aujourd'hui qu'elle est répandue, les mêmes privilèges qu'autrefois. En revanche, le taux des salaires s'est surtout amélioré pour les travailleurs de certaines professions que l'extension du bien-être et de l'instruction a fait délaisser.

Causes particulières de hausse pour les salaires. — La rémunération des services varie avec les professions et aussi avec les conditions où le même travail s'effectue. Lorsqu'on cherche les causes de ces inégalités, on en relève quatre principales, qui semblent influer favorablement sur le taux des salaires.

1° La difficulté et la longueur de l'apprentissage. Un manœuvre est moins rétribué qu'un bon ouvrier et un ouvrier moins qu'un ingénieur. A mesure que la somme de savoir nécessaire s'accroît, le nombre de ceux qui peuvent l'acquérir diminue. En outre, le coût de l'apprentissage représente un capital dont la rémunération s'ajoute à celle du travail.

2° Les dons naturels de l'esprit et du corps : l'intelligence, le goût, la force, l'adresse, la voix, toutes choses que l'apprentissage ne suffit point à donner.

3° Le danger du travail ou la défaveur qui s'y attache. Un mineur est mieux payé qu'un travailleur des champs, un domestique souvent mieux qu'un employé, et un fossoyeur mieux qu'un terrassier ordinaire. Un maçon, lorsqu'il travaille sous la cloche à air, aux fondations d'un pont, gagne plus qu'à bâtir un mur de jardin. Enfin, dans la plupart des professions, les heures supplémentaires de nuit sont plus chères que celles de jour.

4° La responsabilité inhérente aux fonctions et la confiance qu'il faut accorder à ceux qui les exercent. La rémunération d'un magistrat chargé de la sécurité publique ne saurait être proportionnée à la quantité de travail effectif qu'il fournit. Dans toutes les carrières, à mesure que la responsabilité d'un employé ou d'un ouvrier augmente, le traitement suit la même progression, lors même que la somme de travail diminue.

Causes générales de hausse. — En principe, le taux général des salaires est en raison de l'abondance des capitaux. C'est donc à tort qu'on a voulu établir un antagonisme entre les deux facteurs de la production. Il suffit, d'ailleurs, de regarder ce que sont les salaires dans les contrées où le capital est rare ou immobilisé.

Les capitaux en formation activent d'abord la production des choses de première utilité et lucratives. Puis, il vient un moment où la somme des capitaux d'un pays dépasse les besoins d'une production purement utilitaire ; il se crée alors des salaires pour la production des valeurs non lucratives et d'agrément : travaux de luxe, œuvres littéraires ou artistiques, recherches scientifiques.

Avec l'abondance des capitaux, la productivité du travail est un des agents les plus efficaces pour la hausse des salaires. Contrairement à une opinion trop accréditée, plus le travail produit d'utilité, plus les salaires s'accroissent en nombre et en importance. Nous avons déjà constaté que les machines, en développant la productivité du travail, sont loin d'avoir diminué le nombre des bras employés. Elles n'ont pas davantage diminué la somme générale des salaires : un mécanicien, à conduire sa locomotive, gagne plus qu'un ancien postillon ; une ouvrière, avec sa machine à coudre, plus que la couturière avec son aiguille. D'un autre côté, l'introduction des méthodes raisonnées dans l'industrie agricole développe à la fois la production et la somme des profits des agriculteurs.

Suivant l'observation de M. Leroy-Baulieu, l'augmentation de la force productive de l'ouvrier équivaut à un accroissement de capitaux et doit avoir les mêmes effets sur la hausse des salaires.

Salaire nominal et salaire réel. — La différence entre deux salaires peut être nominale ou réelle. Gagner le double, si le prix des choses indispensables à la vie suit la même progression, ne représente qu'une hausse nominale. Mais d'une époque ou d'un lieu à un autre, il y a hausse réelle, lorsqu'on peut, avec son salaire, se procurer davantage de ces choses.

Il est donc intéressant de savoir si les chiffres des salaires actuels, comparés à ceux d'autrefois, sont véritablement plus élevés. Un simple coup d'œil autour de nous permet de répondre oui : l'ouvrier est mieux nourri, mieux vêtu, mieux logé qu'autrefois. La généralité des travailleurs peut aujourd'hui s'accorder un bien-être qui eût été, en beaucoup de points, du luxe pour un grand seigneur. Avec une quantité de travail sans cesse décroissante, l'ouvrier suffit à des besoins sans cesse accrus, dans l'ordre matériel comme dans l'ordre des jouissances intellectuelles.

Reportons-nous seulement à quarante ans en arrière. Il résulte des statistiques officielles que l'ensemble des salaires s'est élevé, depuis cette époque : à Paris, de 35 0/0 ; dans les villes, de 50 0/0 ; à la campagne, de 80 0/0. Or il est prouvé que l'ensemble des choses de première nécessité, à quantité et à qualité égales, n'a renchéri, en moyenne, que de 25 à 30 0/0, les unes plus, les autres moins. Le pain, qui représente, dans un ménage d'ouvriers, le tiers et quelquefois la moitié de la dépense totale pour la nourriture, est plutôt moins cher qu'autrefois ; il ne subit plus, en tout cas, de ces brusques variations qui faisaient, d'une année à l'autre, passer le prix d'une livre de pain, du simple au double. Les sociétés de secours mutuels ont sensiblement atténué les charges de la maladie et du chômage qui en résulte. Il est même des dépenses qui ont disparu du budget des ouvriers : par exemple, l'instruction des enfants, devenue complètement gratuite.

Pression exercée en faveur des salaires. — La hausse des salaires, pour être réelle, doit être naturelle et progressive. Obtenue par des moyens violents, elle sera temporaire. Brusquement établie sur tous les salaires à la fois, et sans qu'il y ait un accroissement correspondant de la productivité, cette hausse sera fictive. Supposons que, par une mesure quelconque, tous les salaires soient doublés d'un seul coup : il y aura une élévation équivalente du prix de tous les produits, extraits ou manufacturés : les travailleurs à petits salaires y perdront, les autres n'y gagneront rien.

Ces principes sont trop souvent méconnus par ceux qui essaient d'agir d'une manière factice sur le taux des salaires. C'est à tort, cependant, que les lois ont longtemps interdit les coalitions de travailleurs. Par leur situation, des salariés isolés sont impuissants à exercer une revendication efficace. Une action collective de leur part, tant qu'elle observe les principes de liberté et de justice, doit être respectée et entourée de garanties. Car cette tendance à poursuivre sans cesse un relèvement des salaires est, après tout, légitime ; plus encore, les efforts déployés pour défendre les prix menacés.

D'une étude raisonnée des conditions faites à une industrie, d'un examen loyal des intérêts communs, il peut résulter de notables améliorations pour les salaires. Mais la raison condamne l'emploi de toute pression matérielle et de toute mesure arbitraire : telles que les grèves, la limitation de la concurrence du travail et la fixation légale du taux des salaires.

Les grèves. — On appelle ainsi une entente des ouvriers entre eux pour refuser leur travail, tant que le patron n'accordera pas l'augmentation de salaires qu'ils ont fixée eux-mêmes.

Toute grève est donc une guerre faite par le travail au capital. Quelque opinion qu'on professe sur l'efficacité du moyen, personne ne doit en préconiser l'emploi. D'abord, il reste toujours, à la suite d'une grève, un levain d'animosité entre les deux parties. En second lieu, les avantages obtenus sont, en général, peu durables. Les chefs d'entreprises, s'ils ont des engagements à remplir, subissent, sur le moment, les conditions imposées ; mais, au bout d'un temps, les lois naturelles reprennent leurs cours.

Il faut, du reste, considérer que, dans la plupart des cas, la somme des salaires volontairement perdus par les ouvriers, et surtout les souffrances qu'ils s'imposent, dépassent la somme des compensations qu'ils peuvent attendre. En effet, l'immobilisation forcée des capitaux pendant la durée de la grève, la non-livraison des commandes et les laissés pour compte tarissent, au moins pour quelque temps, les bénéfices. Il est inévitable que, par suite des lois de la répercussion, le travail supporte une partie de cette perte.

Bien plus, les grèves ont parfois ce grave inconvénient d'entraîner la ruine d'une industrie locale. La concurrence étrangère ne manque pas d'exploiter à son profit cet arrêt du travail ; les commissions se détournent des centres où la production est troublée ; il s'organise même, de toutes pièces, des exploitations similaires dans des contrées où l'industrie en cause était inconnue auparavant.

Travail des femmes. — Celui qui offre ses services, comme celui qui offre ses produits, a tout intérêt à restreindre la concurrence. Il est donc naturel que les travailleurs voient avec défaveur l'admission des femmes dans les professions jusqu'alors réservées aux hommes, et condamnent la présence des étrangers.

Dans les travaux spéciaux à leur sexe, les femmes ont de la peine à obtenir le minimum de salaire indispensable à l'existence. Cela provient d'une concurrence excessive et inévitable, qui se produit surtout pour certaines professions ; car toutes les situations qui comportent la domesticité, c'est-à-dire le logement et la nourriture, sont très suffisamment rémunérées.

De plus, les hommes ont détourné à leur profit plus d'une profession qui conviendrait aux femmes : telle que la vente au détail des menus objets. Les femmes, à leur tour, ont cherché à aborder des travaux plus rémunérateurs que ceux qu'on leur abandonnait.

Peut-on contester à une femme le droit d'exercer la profession qui lui semble le mieux correspondre à ses aptitudes et dont elle attend la meilleure rémunération? Ce serait attenter à la liberté de la personne humaine et du travail ; ce serait un retour au monopole. On accuse, il est vrai, les femmes de faire une concurrence préjudiciable aux hommes, parce qu'elles se contentent de salaires moindres. Mais la différence de salaires s'explique par la différence des services rendus. La preuve, c'est que, pour certains travaux accessibles aux deux sexes, les hommes sont assez souvent préférés, bien qu'ils exigent un salaire plus élevé.

Assurément, la place de la femme est à son foyer et il serait désirable que, dans un ménage, les salaires du mari suffissent à la dépense. Mais, de tous temps, cette situation a été celle du petit nombre ; de tous temps, la généralité des femmes a dû prendre sa part d'une tâche commune, ou bien louer ses services au dehors, dans la culture des champs, comme dans la plupart des industries des villes. En outre, toutes les femmes n'ont pas un mari pour subvenir à leurs besoins. Il en est qui sont filles ou veuves, devant pourvoir à leur existence et quelquefois à celle d'une famille.

Travail des étrangers. — Les arguments du protectionisme le plus outré sont invoqués contre les résidents étrangers. Il faut pourtant admettre que l'étranger, dans le très grand nombre des cas, fait ce que les nationaux ne savent pas faire ou ne veulent pas faire. Ainsi, c'est aux étrangers que la France doit la création de plusieurs de ses grandes industries : celles de la verrerie, de la banque, de l'imprimerie, de la soierie, de l'horlogerie, pour en citer quelques-unes seulement. Encore aujourd'hui, lorsque les travailleurs étrangers sont recherchés, c'est presque toujours parce qu'ils présentent des aptitudes particulières. D'un autre côté, il en est qui se chargent de travaux pénibles ou rebutants, dont la productivité ne comporte qu'un salaire modique et que les nationaux délaissent.

Dans un état social, l'individu produit au delà de ce qu'il consomme. La collectivité bénéficie donc, sons forme d'impôt ou d'accroissement des richesses générales, d'une partie du travail des non-nationaux. Le bénéfice est d'autant plus considérable que l'étranger, au moment où il émigre et vient offrir ses services, est généralement un adulte. Or, tout sujet qui a dépassé la période critique et coûteuse de l'enfance et de l'adolescence, représente un capital social assez élevé.

Il convient d'ajouter que cet étranger se fixe

le plus souvent dans le pays qui l'accueille et y fait souche de citoyens. Pour un pays comme le nôtre, où la population s'accroît lentement, c'est un précieux appoint. Qu'on supprime par la pensée ce que la France, depuis un siècle seulement, s'est assimilé d'éléments étrangers, et la population descendra de plusieurs millions !

Par son travail, l'étranger concourt donc à la production nationale ; par les impôts qu'il paie, il supporte sa part des dépenses publiques ; il contribue, à la fois, à l'accroissement de la population et du capital social.

Fixation légale des salaires. — Il est quelquefois fait appel aux pouvoirs publics, afin d'obtenir une fixation légale du taux des salaires. Une intervention de cette nature serait absolument contraire à la liberté des contrats et, de plus, illusoire et sans effets.

On a dit que cette fixation existe déjà pour le prix de certains services : par exemple, pour les transports par chemin de fer. Mais on oublie qu'ici les tarifs sont la contre-partie nécessaire d'un monopole ou d'un privilège concédé. De plus, l'autorité est appelée à fixer, non un tarif minimum, mais un tarif maximum. Il n'est pas interdit aux compagnies de percevoir un prix moindre ; en fait, elles pratiquent journellement des réductions sur les tarifs officiels. Rien ne montre mieux que des services identiques peuvent, d'un moment ou d'un lieu à un autre, ne point représenter exactement la même valeur en numéraire.

Et justement, pour cette raison, il est impossible d'établir d'une façon générale et irrévocable le taux des salaires. Si, dans une profession quelconque, le taux minimum sanctionné par l'autorité correspond aux facultés des deux parties, le tarif devient superflu. S'il excède les facultés de l'entrepreneur, celui-ci suspendra ou ralentira sa production. Il faudra, pour rendre au travail son activité, que des concessions individuelles soient consenties. Nul pouvoir n'est alors de force à maintenir utilement des conditions que répudie le salarié lui-même. Sous l'ancien régime, où les corporations étaient réglementées et le travail presque monopolisé, aucun des tarifs arrêtés par les tisseurs lyonnais et approuvés par l'autorité royale, n'a pu recevoir d'application.

Objections contre le salaire. — Ce n'est pas seulement le taux des salaires qui est en cause ; le régime même du salaire est parfois attaqué ; bien plus, il s'est rencontré des adversaires pour en réclamer la suppression ou, au moins, la réforme. Au nombre des critiques, il en est notamment deux : le salaire, dit-on, ne donne pas au travail la totalité du produit ; le salarié n'obtient pas une part de bien-être en rapport avec l'extension des richesses.

Réclamer la totalité du produit, c'est oublier que le travail n'est qu'un des éléments du produit. Il y a non seulement la part de l'outillage et des avances de tous genres, mais la part de l'invention et de la direction, dont l'ouvrier est, le plus souvent, entièrement désintéressé. De plus, celui-ci ne contribue ni au placement, ni à la réalisation du prix de la chose produite ; enfin, il ne peut ni ne veut attendre le résultat final. Si la part que l'entrepreneur s'attribue était aussi avantageuse que beaucoup de travailleurs l'imaginent, la rémunération du capital, avec la productivité, irait en s'accroissant : c'est le contraire qui arrive. En outre, toutes les entreprises donneraient des bénéfices considérables : l'expérience démontre que quelques-unes prospèrent, beaucoup se soutiennent, un grand nombre se soldent en perte.

Quant à la somme de bien-être procurée par le salaire, elle a suivi une progression constante et indéniable. L'aisance du capitaliste est loin de s'être accrue dans la même proportion. Il se fait, dans la fortune publique, un incessant travail de nivellement, grâce auquel le nombre des très riches et celui des très pauvres diminuent d'une génération à l'autre.

Suppression ou réforme des salaires. — Le contrat de salaire répond à ce besoin de sécurité et de stabilité, qui est dans la nature même de l'homme. Certains services, du reste, ne comporteraient guère un autre mode de rétribution. Par exemple, comment déterminer la part d'utilité qui revient à un garde-barrière du chemin de fer, dans le transport de chaque voyageur ou de chaque tonne de marchandise dont il assure la circulation ? On peut donc s'étonner d'entendre parler de la suppression du salaire.

A la vérité, la plupart de ceux qui en parlent proposent simplement de remplacer le salaire définitif et acquis par un salaire « à compte ». Mais il faudrait alors, en prévision des pertes possibles, retenir un tant pour cent. Il n'est pas sûr que la majorité des travailleurs accepterait ce nouveau régime ; il est encore moins certain que cette combinaison lui fût favorable.

Quelques-uns réclament que chacun soit rétribué en raison de ses efforts. Mais il n'existe pas de moyen d'apprécier exactement la valeur des efforts. Entre des travaux aussi différents que celui de l'architecte qui a conçu le plan d'un monument et celui du manœuvre qui en creuse les fondations, quel rapport peut-on établir ?

L'unité de temps serait la seule mesure possible du travail ainsi compris. Et encore, à considérer l'utilité sociale, on ne saurait assimiler une heure de travail d'un chef d'Etat, d'un inventeur comme Watt ou Jacquard, d'un savant comme Pasteur, à une heure de travail d'un commis d'administration, d'un forgeron ou d'un garçon de laboratoire.

S'il est une carrière où l'équivalence des services semble plus facile à admettre, c'est bien la carrière militaire. Pourtant, aucun esprit raisonnable n'oserait proposer d'allouer même traitement aux officiers et aux soldats. Il a même fallu l'établissement du service obligatoire, pour que l'unification des soldes, à parité de grades, devînt possible. Dans les pays où l'armée se recrute au moyen d'engagements volontaires, l'autorité sera toujours forcée d'attribuer des primes plus élevées pour les corps où une taille, une force, des aptitudes spéciales sont exigées ; c'est-à-dire, dans les cas où le nombre de ceux qui peuvent s'offrir est moins grand.

Participation aux bénéfices. — En dehors du terrain des utopies, il est une amélioration déjà entrée dans la pratique et dont on doit souhaiter la généralisation : c'est ce qu'on appelle improprement la participation aux bénéfices. Le plus souvent, en effet, il y a simplement prime ou sursalaire. Une participation réelle ne pourrait résulter que d'un contrat synallagmatique et entraînerait, en bonne équité, une participation aux pertes éventuelles.

Cette participation, à titre gracieux, peut revêtir des formes multiples : tantôt une somme proportionnelle, ou supposée proportionnelle aux bénéfices de l'année, se répartit entre tous les collaborateurs d'une entreprise, au prorata des salaires ; tantôt l'entrepreneur intéresse directement le personnel au bon emploi des matières, au rendement de la production ou de la vente, ou à l'accroissement du chiffre d'affaires.

C'est une pratique très louable, ayant pour résultat de faire sentir d'une manière plus effective la solidarité qui existe entre le capital et le travail. Le salarié, s'il a la sagesse de régler sa dépense courante sur son revenu fixe, trouve dans ce supplément un moyen facile de se constituer une épargne. Dans beaucoup de cas, ces sommes, groupées et capitalisées, pourraient former un fonds de retraites ou préparer la production coopérative.

La part du capital. — Quand le possesseur d'un capital le fait valoir personnellement, le revenu entier reste entre ses mains. Mais le capital est assez souvent représenté, à la répartition, par un intermédiaire : ainsi, lorsqu'il y a affermage de terres, location de matériel, mise de fonds dans une exploitation. Il s'ensuit qu'une part du revenu doit aller au capital même; l'autre part à celui qui l'a mis en valeur.

Il se forme alors, entre l'entrepreneur et le capitaliste, un contrat de même nature que le contrat de salaire. Les parties conviennent d'avance et à forfait, d'un prix pour le fermage, la location ou l'intérêt; c'est le salaire du capital. Deux points distinguent ce salaire de l'autre: le paiement de la rémunération du capital ou de la rente est en partie subordonné à la réussite de l'entreprise; la part du rentier, contrairement à celle du salarié, a une tendance à décroître.

Quant à la part qui revient à l'intermédiaire, on est enclin, surtout pour les chefs d'entreprises industrielles, à se l'exagérer. Leurs profits ne sont nullement spontanés et assurés, comme beaucoup le croient. On perd de vue les risques, l'insuccès, le grand nombre de ceux qui laissent leur avoir personnel dans les affaires, tandis qu'employés et ouvriers touchent régulièrement leurs salaires, à l'abri de tout mécompte; on oublie que les privilégiés forment une infime minorité.

Il suffit, du reste, d'examiner les résultats obtenus par les sociétés industrielles où les opérations, aux termes de la loi, sont livrées à la publicité. Prenons l'exploitation des mines de charbons, une de celles dont le rendement est sans cesse invoqué. Des calculs irréfutables établissent que l'industrie houillère, depuis le commencement du siècle, n'a pas donné un revenu moyen, supérieur à 6.25 0/0 du capital total engagé. Et si nous admettions cette hypothèse, que rien n'eût été payé aux actionnaires et que tous les bénéfices eussent été distribués aux ouvriers mineurs, cela représenterait, pour chacun d'eux, une augmentation de salaire de 8 centimes par jour.

Les rentiers. — On prend à tort le nom de rentier dans le sens d'oisif. Quiconque possède un capital qu'il n'affecte pas à son usage personnel, et en tire un revenu en le mettant au service d'autrui, fait partie de la classe des rentiers. Les uns vivent exclusivement de leurs rentes ; les autres cumulent ces rentes avec des salaires ou des profits industriels.

Le nombre des rentiers vivant de leurs revenus ne dépasse pas, en France, 6 0/0 du chiffre de la population. Encore ne faudrait-il pas les considérer tous comme des oisifs. La gestion d'une fortune constitue, à elle seule, une occupation parfois très importante. De plus, beaucoup de ces rentiers vouent leurs loisirs et leur intelligence à l'exercice de fonctions publiques non rétribuées, à l'administration d'œuvres charitables ou philanthropiques, à des travaux scientifiques, littéraires ou artistiques, dont bénéficie la société entière. Enfin, on doit compter à part les incapables, les malades et ceux qui ont atteint l'âge où il est permis à l'homme de vivre dans une oisiveté honorable et méritée.

A tous les degrés de l'échelle sociale, les travailleurs sont constamment tenus en haleine par cette perspective, de s'assurer un revenu distinct de la rémunération de leur travail et de préparer le repos de leur vieillesse. Sans la possibilité de réaliser ses efforts ou ses privations sous forme de rente, quel avenir aurait le travailleur économe, incapable d'aborder une entreprise personnelle, ou craignant les hasards d'une entreprise collective?

Légitimité du revenu. — Si le droit à la propriété du capital a été attaqué, le droit d'en tirer un revenu devait l'être bien plus encore. Il demeure pourtant incontestable que rien ne peut obliger le possesseur d'un capital à mettre son avoir au service de celui qui en a l'emploi. D'autre part, l'emprunteur d'un capital quelconque espère toujours en tirer une utilité profitable pour lui. Rien de légitime comme cette convention qui fera participer le prêteur, dans une mesure librement consentie, au produit de l'utilité obtenue.

Pour être équitable, la rémunération d'un capital doit compenser pour celui qui s'en dessaisit :

1° La privation de la chose affermée, louée ou prêtée ;

2° Le risque, variable à l'infini : car il comprend non seulement le risque éventuel de ne point toucher le revenu, mais il peut aller, quand il y a prêt d'espèces ou crédit de marchandises, jusqu'à l'anéantissement complet du capital ;

3° Les frais d'entretien ou d'impôts à la charge du possesseur ;

4° L'amortissement du capital, s'il s'agit de choses fongibles qu'il faudra remplacer, même à très longue échéance, comme les bâtiments et habitations.

Le Fermage. — Le contrat de fermage est susceptible d'applications différentes. Ainsi, l'exploitation d'une voie ou d'un moyen de transport, d'une mine, d'une source thermale ou de certains revenus industriels, le péage d'un pont, la perception de droits municipaux ou autres, peuvent être concédés moyennant un prix déterminé. Mais il est quelquefois stipulé que, si le rendement dépasse un chiffre, une partie de l'excédent sera due au propriétaire. L'association entre le capitaliste et le fermier prend ici un caractère plus marqué.

Lorsqu'il s'agit d'une terre, la redevance, au lieu d'être fixe et payable en espèces, peut être variable et payée en nature : c'est-à-dire qu'il y a partage des fruits entre le propriétaire et le concessionnaire. Ce système d'exploitation à risques communs s'appelle métayage ; il constitue une véritable association.

Une moitié du sol français est cultivée directement par les possesseurs ; sur le reste, il est 35 0/0 des terres, données à ferme, et 15 0/0 à métayage. Ce dernier mode, plus rudimentaire, est considéré comme inférieur au fermage et moins favorable au progrès de l'agriculture. Par exception, le métayage s'adapte fort bien aux vignobles : car la récolte y est facilement divisible ; d'autre part, le rapport en est si variable et si aléatoire qu'une prévision moyenne est presque impossible à établir.

Le régime du fermage nécessite aux mains du fermier un capital d'exploitation plus considérable ; mais il stimule davantage son action individuelle ; il supprime les tentations de dissimulation et de fraude dans le rendement. Toutefois, ce système appellerait deux réformes : il faudrait étendre la durée des baux, ordinairement établis pour une période trop courte ; il faudrait ouvrir au fermier le droit à une indemnité, quand, par ses soins, il a déterminé une plus-value du sol.

Les Loyers. — Lorsqu'il y a louage d'objets mobiliers, l'amortissement de la chose louée devient le facteur déterminant du prix demandé par le possesseur : ainsi pour la location d'un livre, d'un piano, d'une machine, d'un cheval. Mais s'il s'agit d'habitation, dont l'usure est très lente, la nécessité de pourvoir au remplacement ne se manifeste qu'au moment où l'immeuble devient caduc. Alors la dépréciation ne pèse nullement sur les loyers, mais sur le prix de la propriété dont la valeur vénale va en diminuant. Ce qui explique le rendement, parfois très élevé en apparence, de certaines maisons, sous le coup d'une réfection totale.

Par nature, un immeuble ne peut se déplacer ; par destination, il est difficilement transformable. L'utilité qu'il présente est donc de celles que régit, d'une façon plus absolue, la loi de l'offre et de la demande. Dans les villes, deux causes principales contribuent à la hausse des loyers : l'affluence de la population ; l'extension du bien-être qui accroît, même chez les ouvriers, la demande de logements plus confortables et composés d'un plus grand nombre de pièces.

Chaque fois qu'il se fait une brusque hausse sur le prix des choses, ce sont les consommateurs à petits revenus qui en souffrent davantage. Dans certains cas, on a réclamé l'intervention des pouvoirs ; on est allé jusqu'à demander l'expropriation de tout ou partie des maisons d'habitation ; l'Etat ou la commune prendraient alors les lieu et place des propriétaires. Mais de deux choses l'une : ou les locaux continueraient à être concédés au plus offrant, et il n'y aurait de changé que le nom du propriétaire ; ou l'administration ferait une répartition d'office des logements, et on sent à quels abus autrement graves pareil système donnerait lieu.

L'Intérêt. — Le prêt d'argent à intérêt a été pendant longtemps l'objet d'une véritable réprobation ; il a même été proscrit par la plupart des lois religieuses. Cette forme de l'échange répond, cependant, à une nécessité sociale. Que représente, en réalité, le numéraire, sinon le pouvoir d'achat de certaines utilités? Un industriel a besoin d'un outil ; il se procure la somme nécessaire pour l'acheter. C'est une opération qui doit être lucrative pour lui, et il ne saurait demander que cette utilité lui soit fournie gratuitement. Remarquons, d'ailleurs, que s'il voulait louer l'outil, il lui faudrait également payer une redevance dont personne ne contesterait la légitimité.

A la vérité, lorsque le prêt se fait en espèces, l'utilité produite par le capital est moins visible pour tout le monde ; les abus aussi sont davantage à craindre. Seul entre les capitaux, l'argent est propre à tout emploi, avoué ou non. Cette facilité d'application dont il jouit, constitue un danger pour les deux parties, l'emprunteur pouvant se trouver dans l'impossibilité de représenter l'équivalent du prêt. Puis, jusqu'aux temps rapprochés de nous, c'était plutôt le crédit de consommation que le crédit de production qui recourait à l'emprunt : prodigues et besoigneux formaient la généralité des emprunteurs et consentaient à payer très cher le crédit. De là sans doute le sentiment défavorable qui s'attachait au prêt d'argent avec intérêt.

De nos jours, la masse des emprunts est contractée en vue d'une production. A ce caractère nouveau, le crédit moderne en joint un autre : c'est que souvent le prêteur est moins riche que son débiteur. Une portion considérable des dettes publiques, des actions ou obligations des chemins de fer, des titres industriels de tout genre, se trouve entre les mains de simples artisans et de gens de la plus modeste condition.

Taux de l'intérêt. — Le taux de l'intérêt est subordonné à l'abondance des capitaux et aux risques encourus par le prêteur. L'abondance des capitaux tend naturellement à faire baisser l'intérêt. Cependant il peut arriver qu'en pleine prospérité, l'argent trouve une rémunération élevée: c'est lorsqu'un grand nombre d'entreprises productives réclament à la fois le concours des capitaux. On l'a vu pendant la période où se sont créés nos réseaux de voies ferrées et nos grands établissements industriels.

Quant à la sécurité du placement, elle dépend de l'état général d'un pays et de la situation particulière de l'emprunteur. Dans ce qu'on appelle les pays neufs, le taux d'intérêt est toujours plus haut. Ces contrées possèdent moins de capitaux circulants ; la somme des risques y est plus considérable ; ensuite, une productivité très grande permet aux entrepreneurs de supporter un taux d'intérêt qui serait trop lourd ailleurs.

Ces deux circonstances, du risque et de la productivité, se retrouvent partout, dans les entreprises commerciales, à un degré plus marqué que dans les autres. Aussi, ces sortes d'entreprises, au début surtout, offrent-elles un intérêt avantageux pour le prêteur.

L'abaissement du taux général de l'intérêt est-il un bien ? Il est, pour sûr, une marque de l'accroissement soutenu des capitaux et de la sécurité des transactions ; il favorise la production et atténue l'inégalité des conditions. Mais l'épargne devient alors moins fructueuse et se laisse plus aisément capter par les placements hasardeux, où une rémunération supérieure lui est offerte.

Taux légal. — Presque toutes les législations avaient cru devoir fixer un taux maximum pour le revenu de l'argent. C'était le fait de cette erreur ancienne qui refusait de voir dans la monnaie une simple marchandise, soumise aux mêmes lois économiques que les autres. En France, il existe encore un maximum légal de 5 °/₀ pour les créances non commerciales. Il est pourtant reconnu que ces mesures restrictives restent sans effet pratique et sont plutôt préjudiciables à l'emprunteur.

Tout d'abord, de nombreux moyens permettent de tourner ces prescriptions. Ainsi le prêteur peut retenir une partie de la somme. C'est ce qui a lieu pour l'émission des valeurs industrielles, où le souscripteur verse généralement une somme inférieure à celle qui est indiquée pour le remboursement. Le gouvernement français a lui-même, dans ses emprunts, souvent usé de ce procédé. Le prêteur peut encore stipuler à son profit des commissions. Grâce à ce moyen, les banquiers avaient toute faculté, sous l'empire de la loi du maximum, de percevoir un intérêt bien supérieur au 6 °/₀ légal. Du reste, la Banque de France n'ayant pas cette ressource, il avait fallu, par dérogation, l'autoriser à élever son escompte au-dessus du taux fixé par la loi.

La fixation d'un maximum a pour but d'empêcher l'usure. Mais, bien loin de là, les restrictions imposées par le législateur écartent du marché les prêteurs loyaux et rendent moins bonne la situation de l'emprunteur dont le crédit est limité. D'ailleurs, le taux élevé de l'intérêt ne constitue pas à lui seul une immoralité : cette élevation peut fort bien se justifier par la rareté des capitaux ou par l'étendue des risques. Ce que la loi doit poursuivre, ce sont les excitations coupables et les dissimulations frauduleuses.

Un taux légal ne doit trouver son application qu'en l'absence de contrat entre les parties, ou lorsqu'il s'agit d'une créance ouverte par une mesure judiciaire.

Chapitre V

CONSOMMATION.

Différents modes de consommation. — Consommations privées. — Luxe et épargne. — Consommations publiques. — Sécurité. — Services publics. — Impôts. — Dette publique.

Différents modes de consommation. — La consommation est la cause finale de toute production ; par la circulation, les produits sont mis à la portée du consommateur ; par la répartition, il obtient les moyens de se les procurer.

Constatons d'abord que la consommation peut être immédiate ou différée. Dans le premier cas, c'est la dépense ; dans le deuxième, c'est l'épargne.

En second lieu, les richesses se consomment en tant que valeurs, non en tant que substances, et cette consommation s'effectue à des degrés différents. Parfois, il y a disparition complète ou à peu près de la valeur : l'éclairage, le chauffage, la nourriture. D'autres fois, c'est une diminution lente et partielle : les vêtements, les instruments, les habitations. D'autres fois encore, il s'accomplit une simple transformation, en vue de produire une utilité nouvelle : la houille pour le gaz, les drogues pour la teinture, les semences pour les champs. Ce n'est pas alors autre chose que l'emploi des capitaux, des valeurs acquises, à la production. Il se crée ainsi un enchaînement perpétuel d'utilités qui s'engendrent les unes les autres.

Considérées dans leurs effets, les consommations sont productives ou improductives. Doit être regardée comme productive, toute consommation où une diminution, et même une destruction de richesse, est compensée par une utilité plus grande.

Enfin, on distingue des consommations privées et des consommations publiques. Ces dernières résultent des dépenses faites par les pouvoirs sociaux, dans l'intérêt de la collectivité.

Consommations privées. — Entre les dépenses qui s'appliquent à notre usage personnel, il en est sur lesquelles nous n'avons qu'une action limitée ; d'autres sur lesquelles nous possédons un pouvoir presque absolu.

Au premier rang se place ce qui sert à l'entretien de notre existence : nourriture, vêtement, logement. Le minimum de ces consommations indispensables varie avec les climats, les conditions du travail ou de la santé. Mais on peut affirmer que peu d'individus s'en tiennent volontairement au minimum. Avec l'accroissement des richesses, les consommations dites de première nécessité, se développent comme les autres, non seulement en qualité, mais en quantité. Ainsi, en France, à mesure que progressait la consommation des autres denrées alimentaires, celle du pain n'a nullement diminué ; au contraire.

Ces consommations rentrent essentiellement parmi les emplois productifs. Tant qu'elles ne dépassent pas la limite où elles cesseraient d'être bienfaisantes, il est à souhaiter qu'elles s'étendent et deviennent, de jour en jour, plus accessibles au grand nombre. Toutefois, il est à constater que, pour les consommations alimentaires, par exemple, ce n'est pas toujours à l'utile que profite l'accroissement des dépenses : témoin l'importance qu'a prise la consommation de l'alcool.

Dépenses superflues. — Sur les dépenses qui s'adressent aux satisfactions de luxe ou d'agrément, nous avons un pouvoir limitatif à peu près absolu. Si ces consommations superflues ne sont pas toutes nécessairement blâmables, on ne saurait encourager l'extension de celles qui ont pour unique objet une jouissance matérielle ou la satisfaction de la vanité.

Dans l'ordre qui correspond à nos facultés morales et intellectuelles, il est des dépenses qui, suivant le cas, constituent, au point de vue économique, une consommation productive, inutile, ou quelquefois nuisible : par exemple, l'instruction, selon la direction qui lui est imprimée. Quant aux contributions volontaires qu'on s'impose pour assister ses semblables ou concourir à des œuvres sociales, elles sont forcément limitées par notre intérêt personnel, et l'abus est rarement à craindre.

Les consommations superflues, avons-nous dit, ne sont pas toutes blâmables ; elles ne sont pas, non plus, toutes improductives. Le désir d'accroître ses satisfactions est, pour l'homme, un stimulant salutaire. Ces consommations superflues peuvent même, dans une certaine mesure, être légitimes et contribuer à nous rendre plus aptes à une production utile. Il importe, lorsqu'une dépense de ce genre se présente, d'observer : que la satisfaction en vue ne soit pas condamnée par la morale ; que le chiffre de la dépense n'excède pas nos facultés pécuniaires, et surtout qu'il ne s'ensuive pas une restriction sur les choses nécessaires ; enfin, que les suites ne nous rendent pas moins propres au travail, mais, au contraire, que nous en tirions profit pour le corps et pour l'esprit.

Luxe et prodigalité. — Le luxe est distinct du superflu ; car le mot implique toujours l'idée d'une dépense excessive dans l'usage des choses même utiles. On peut mettre du luxe dans ses meubles les plus usuels, dans ses instruments de travail, dans le linge que l'on porte, jusque dans le pain que l'on mange.

A la vérité, l'exagération de la dépense est souvent une affaire de temps, de lieu et de condition sociale. Des draps de lit ont été longtemps du luxe, et sont aujourd'hui considérés comme indispensables ; boire du vin à tous ses repas serait du luxe pour l'ouvrier anglais, c'est une consommation courante pour la plupart des ouvriers français ; acheter un diamant est du luxe pour un artisan, ce n'est qu'une dépense superflue pour une personne aisée. En principe, chacun doit être sévère pour toute dépense qui, mise en regard de sa condition et du chiffre de ses revenus, représente une consommation de luxe.

La prodigalité consiste dans l'abus des choses même nécessaires et dans la destruction, sans utilité correspondante, d'une richesse quelconque. Employer des objets de prix à de vils usages ; manger des plats de langues de perroquets, comme Héliogabale ; briser la vaisselle, après dîner : autant de consommations, sans autre compensation que le plaisir stupide éprouvé par les auteurs.

L'Epargne. — Le luxe et la prodigalité, dit-on, font circuler l'argent. C'est incontestable; mais les consommations reproductives et l'épargne en font circuler tout autant, et avec plus de profit pour la société. Une personne consacre 100 fr. à des dépenses futiles; une autre épargne la même somme et la place; toutes les deux auront exactement mis le même capital en circulation. Mais la première aura exigé, contre son numéraire, une quantité déterminée de produits qu'elle a immédiatement consommés; la seconde aura livré ses 100 francs à la circulation, sans qu'il y ait eu aucune destruction préalable de richesses.

Le premier effet de l'épargne est donc la conservation intégrale d'une partie des richesses produites par le travail. Certaines substances, malgré les efforts de l'homme, sont en quantité relativement limitée: ainsi, les substances alimentaires. Un retranchement volontaire sur la consommation superflue de ces produits, aura pour résultat d'empêcher la hausse des prix. Au contraire, tout excès de quelques-uns est une cause de renchérissement et, par conséquent, de privation pour quelques autres.

D'ailleurs, celui qui épargne demeure toujours

maître d'accomplir, lorsqu'il lui plaira, la consommation représentée par son capital. De plus, il se réserve une série de consommations à venir, au moyen du revenu qu'il tirera de son placement. Nous voyons qu'au fond l'épargne est bien une consommation différée. C'est, de toutes, la plus productive pour l'individu et pour la société, si l'on excepte les consommations destinées à alimenter l'existence et les facultés physiques et morales de l'homme.

Consommations publiques. — Les principes qui doivent régir les dépenses publiques sont absolument les mêmes que ceux qui s'appliquent aux dépenses privées. Pourvoir aux besoins indispensables de l'être collectif qui s'appelle l'Etat; rechercher les emplois reproductifs de la richesse nationale ; modérer les dépenses de luxe et les proportionner à la prospérité présente du pays ; éviter toute prodigalité : telle doit être la règle des pouvoirs à tous les degrés.

C'est une erreur de prétendre que les dépenses publiques ne peuvent jamais constituer une perte pour le pays, par cette raison qu'elles aboutissent à un simple déplacement de richesse. Une application inutile ou improductive des deniers des contribuables équivaut toujours à une destruction, au moins partielle, du capital national.

La gestion des pouvoirs publics diffère par un seul point de la gestion d'un particulier : celui-ci consulte d'abord la somme de son revenu et établit ensuite sa dépense ; l'Etat commence par dresser la liste de ses dépenses, puis fixe le nombre et la quotité des recettes nécessaires pour y pourvoir. Le détail prévisionnel de ces recettes et de ces dépenses prend le nom de « budget ».

Ce que nous disons de l'Etat, s'entend des départements et des communes qui en sont une émanation et opèrent sous sa tutelle.

Rôle de l'État. — « L'État, suivant le mot d'Adam Smith, doit se borner à faire ce que les particuliers sont impuissants à faire. » Même avec cette définition, le pouvoir a, dans la pratique, un rôle à peu près illimité, puisqu'il est seul juge des circonstances où il conviendra de substituer son action à celle des citoyens. Aussi voit-on, dans les sociétés modernes, s'étendre de plus en plus les attributions des gouvernements. L'expérience a, cependant, montré qu'un gouvernement ne saurait avoir plus d'intelligence que la masse des citoyens dont il est issu ; que cet être impersonnel et irresponsable fait généralement moins bien que les individus ; que ses services sont plus coûteux et que les fautes de ses agents n'ouvrent aucun recours effectif aux intéressés.

La conservation des personnes et des biens est la première raison d'être d'un gouvernement et reste sa fonction essentielle. Tout ce qui se rattache au maintien de la sécurité est, avec raison, considéré comme répondant aux besoins vitaux d'une nation ; sur ce point, les attributions du pouvoir sont hors de conteste. Mais les autres fonctions peuvent toujours être discutées et doivent être ramenées au minimum.

Lorsqu'un service se relie au maintien de la sécurité, comme les postes et télégraphes, l'exploitation par l'Etat est admissible. Elle l'est déjà moins, s'il s'agit seulement d'assurer la perception d'un impôt : ainsi, dans nombre de pays, la fabrication du tabac est libre, sans que les droits du trésor public en soient lésés. Enfin l'Etat sort complètement de son rôle, quand il se substitue à l'initiative privée, pour la production de certaines utilités : assurances, transports par chemins de fer et autres entreprises.

Dépenses publiques. — Les dépenses publiques sont de plusieurs sortes. Variables avec les différents pays et les différents régimes, elles sont, en France, destinées à pourvoir :

1° Au maintien de la sécurité intérieure et extérieure ;

2° Aux services publics et aux choses dont

tout le monde a la jouissance gratuite : voirie, monuments, instruction primaire, musées, bibliothèques ;

3° A des services payés, tout ou partie, par ceux qui en font usage : postes et télégraphes, instruction secondaire et supérieure, fabrication des poudres, tabacs, etc., construction ou entretien des canaux, voies ferrées, etc., exploités par l'État ;

4° Aux subventions allouées pour certains besoins matériels ou moraux : assistance des malades et des indigents, allocations aux cultes, aux institutions de tous genres ;

5° Au paiement des intérêts de la dette publique, suite d'engagements antérieurs, contractés par la nation, et dont la charge s'ajoute aux dépenses courantes.

Sécurité et services qui s'y rattachent. — Le maintien de la sécurité nécessite : des pouvoirs chargés de faire les lois et de les promulguer ; une administration et une magistrature pour les appliquer ; une force publique pour défendre l'ordre et la sécurité, s'il y a menace au dedans ou au dehors. A mesure qu'une civilisation se développe, ces organes principaux d'un gouvernement deviennent de plus en plus distincts. Le pouvoir législatif se sépare du pouvoir exécutif ; la magistrature administrative, de la magistrature judiciaire ; l'armée nationale, de la police.

C'est pour le service de l'autorité que les grandes voies de communication ont été d'abord établies. On n'a pas tardé à comprendre les avantages qui en résultaient pour les transactions et les échanges. Peu à peu, l'action du pouvoir s'est étendue sur tout ce qui concerne la voirie. Il y avait, en effet, un droit d'inspection et de police dont l'administration ne pouvait se départir ; de plus, il était impossible de compter sur le zèle individuel des particuliers pour la création et l'entretien des routes, des ports, des digues, des canaux.

Les mêmes circonstances ont présidé à l'établissement des postes, puis du télégraphe. Créés pour les besoins de l'Etat, ces services ont été ensuite mis à la disposition du public, moyennant rétribution tarifée. Il importe que ces instruments de transmission soient soumis à la surveillance de l'autorité. Toutefois, il existe, à l'étranger, des services postaux faits par des compagnies privées, et nos lignes télégraphiques sous-marines sont, jusqu'à présent, des entreprises particulières.

Instruction publique. — Il s'est produit pour l'instruction quelque chose d'analogue à ce qui avait eu lieu pour les voies de communication. L'Etat s'est trouvé d'abord appelé à suppléer à l'indifférence ou à l'insuffisance des particuliers, puis à assumer la totalité du service. Cependant, si le pouvoir s'est réservé le droit de délivrer seul les certificats, brevets et diplômes conférant un titre légal, l'enseignement qui y prépare peut, dans le plus grand nombre de cas, être donné par des établissements privés.

En France, l'enseignement primaire est entièrement gratuit dans les écoles publiques. Le principe de la gratuité a paru tout naturellement découler de l'obligation imposée aux familles, d'envoyer leurs enfants aux écoles. Il est pourtant des pays où l'instruction primaire est obligatoire, sans qu'il en résulte une gratuité complète.

On peut dire de même que l'enseignement secondaire, dans les lycées et collèges, est gratuit, au moins pour les élèves internes : car les sommes payées par les familles ne représentent guère qu'une pension alimentaire. Les traitements des professeurs sont supportés par le budget; les immeubles sont à la charge de l'Etat ou des communes.

Quant à l'enseignement supérieur, d'ordre littéraire, scientifique ou artistique, il n'a jamais été défrayé que dans une infime mesure, par ceux qui le reçoivent. Les anciennes universités, facultés ou écoles, étaient en possession de fondations qui assuraient leur existence. Ce patrimoine ayant été réuni au domaine public, l'Etat s'est nécessairement substitué à ces institutions.

A l'instruction publique se rattachent les musées, bibliothèques et laboratoires, destinés à propager les connaissances et à faciliter les études.

Assistance, cultes, subventions diverses. — C'est encore pour parer à l'indifférence du grand nombre, et afin de centraliser les ressources, que l'Etat et les communes ont dû pourvoir à l'assistance des malades, des invalides et des indigents. Il convient, néanmoins, d'éviter en cette matière deux excès : diminuer, chez les masses, l'esprit de prévoyance et le sentiment de la responsabilité individuelle ; fournir aux citoyens un prétexte pour se désintéresser du devoir qu'ont tous les hommes d'assister leurs semblables.

Notre budget des cultes a une origine toute spéciale. Lors de la réunion des biens de l'ancienne église de France au domaine national, il fut reconnu que les donateurs de ces biens avaient eu en vue : soit des fondations charitables, soit des œuvres d'enseignement, soit le ministère religieux lui-même. La société civile se chargeant désormais des services de l'assistance et de l'instruction, il restait seulement à tenir compte des besoins du ministère. Telle est l'origine des traitemens inscrits aux budgets annuels pour le service des cultes.

Enfin, les pouvoirs accordent de nombreuses subventions à des institutions privées, de secours, de prévoyance, d'études, d'art ou d'éducation ; ils encouragent les efforts des citoyens par des allocations et récompensent les services rendus. En principe, rien n'est plus juste, rien n'est plus profitable à la société. C'est dans l'application que réside la difficulté et dans la mesure que des abus sont à éviter. Il ne faut pas oublier que, chaque fois qu'une subvention est réclamée, c'est à notre propre bourse qu'on s'adresse ; l'argent de l'Etat, c'est le nôtre.

L'impôt. — L'Etat pourvoit à ses dépenses, au moyen de l'impôt. Pendant longtemps, l'impôt a pu être considéré comme un tribut perçu par le fort sur le faible, comme une redevance payée au prince, en sa qualité de maître de toutes choses. On s'en fait maintenant une idée plus juste : c'est la part contributive de chacun aux dépenses accomplies dans l'intérêt de tous. L'impôt, dans les états modernes, est établi par les représentants des contribuables. Ce sont, en quelque sorte, les citoyens qui se taxent eux-mêmes et fixent la quotité de leurs contributions. Rien de plus légitime et de plus moral que l'impôt.

En principe, il devrait être rigoureusement proportionnel aux moyens de chacun et au profit que chacun retire des services publics. Mais, dans la pratique, les ressources d'un contribuable ne peuvent être évaluées que par présomption ; l'impôt, pour n'être point inquisitorial, doit se borner à atteindre la richesse dans ses manifestations extérieures.

Quant à l'usage plus ou moins étendu que nous faisons individuellement des services publics, il est impossible à déterminer, au jour le jour. D'abord, en ce qui concerne la sécurité des personnes, chaque membre de la société y est intéressé dans une mesure égale ; pour la sécurité des biens, celui qui possède davantage, supporte aussi des impôts plus considérables. Pour le reste, il faut admettre la solidarité d'intérêts : chacun, même en payant pour des services dont il n'usera jamais, trouve encore un avantage indirect à ce qu'il soit pourvu, avec les deniers de tous, aux besoins généraux de la communauté.

Diverses formes de l'impôt. — Les impôts se divisent en deux branches principales : impôts directs et impôts indirects. Les premiers comprennent, en France : l'impôt personnel, l'impôt foncier, l'impôt des portes et fenêtres, l'impôt mobilier et l'impôt des patentes. Les seconds se composent : des taxes perçues sur certains revenus, sur certaines marchandises et sur les transports; des droits de timbre, d'enregistrement et de mutations entre vifs ou après décès.

Au principal de l'impôt direct, levé au profit du trésor, viennent s'ajouter les centimes additionnels perçus pour le compte des départements et des communes. De même, les droits d'octroi, établis à l'entrée des villes, sur les denrées et les matériaux, sont une forme de l'impôt indirect.

C'est une erreur assez commune de croire que les contributions directes frappent seulement la propriété, et que les contributions indirectes portent uniquement sur la consommation. La taxe de 4 °/° sur les valeurs mobilières et les droits de mutation, notamment, sont bien des impôts mis sur la propriété, quoique qualifiés d'indirects. D'autre part, l'impôt des patentes, classé parmi les contributions directes, retombe certainement sur la consommation. Une distinction tirée de la nature même des matières imposables est donc difficile à formuler.

On peut avancer, cependant, que les impôts appelés directs frappent plutôt la richesse sous ses formes stables, tandis que les autres la saisissent au moment où elle circule.

Avantages et inconvénients des deux systèmes. — Les impôts directs sont assis en vertu de rôles nominatifs : ce qui a permis de dire qu'ils atteignent les personnes, de préférence aux choses. Ils offrent cet avantage, que leur rendement est connu d'avance ; ils ont cet inconvénient, d'être très difficiles à répartir équitablement. Par exemple, l'impôt foncier grève davantage certaines cultures et même certains départements que d'autres ; les patentes présument, souvent à tort, des bénéfices d'un commerce ou d'une industrie, d'après la nature des affaires, le nombre des collaborateurs et l'importance des locaux occupés.

Les impôts indirects sont supportés par les produits et les transactions. Ils sont d'un recouvrement facile ; ils ont l'avantage de pouvoir fournir une plus-value, par le simple développement de la consommation et de l'activité des affaires; mais on leur reproche d'être relativement plus lourds au petit contribuable. Ce reproche est en partie justifié, pour les droits de succession et pour les taxes sur les denrées, celles-ci tenant plus compte des quantités que des qualités. Pourtant, la plupart des contributions indirectes sont rigoureusement proportionnelles. Même, celles qui sont le plus productives pour le fisc, pèsent sur des consommations tout à fait facultatives : aux octrois surtout, ce sont les alcools, les boissons et les denrées de luxe qui représentent une grosse partie de la recette.

Un rapport mathématique entre les ressources

de chaque contribuable et le chiffre de l'impôt est humainement impossible à établir. Aussi, à côté de ses défauts, la diversité des contributions porte en elle-même un correctif : il est impossible qu'un citoyen échappe à tous les impôts ; il est, de même, impossible qu'il soit lésé par tous à la fois.

Effets de l'impôt. — Qu'ils soient qualifiés de directs ou d'indirects, les impôts mis sur les instruments de production ou sur les produits, agissent nécessairement sur le prix de revient ; ceux qui sont perçus à propos des transactions retombent toujours à la charge de l'acheteur ou de l'emprunteur. Il est ainsi permis d'affirmer, pour la généralité des impôts, que c'est, en dernier lieu, le consommateur qui les paie. Le chiffre des impôts non sujets à répercussion est assez limité : les droits de succession, la cote personnelle et, pour partie au moins, la cote mobilière.

En vertu de cette loi, à peu près générale, de la répercussion, nous pouvons dire, avec J.-B Say, que l'impôt renchérit le prix de toutes choses et tend, par conséquent, à diminuer la consommation. Les taxes doivent donc être d'autant plus modérées qu'elles s'adressent aux produits les plus indispensables.

Suivant le même principe, un impôt ancien

est préférable à un impôt nouveau. En effet, avec le temps, le coût de l'impôt s'incorpore, pour ainsi dire, avec le prix de la chose. La contribution foncière ou immobilière, par exemple, arrive à se confondre avec les charges résultant du climat ou de la situation ; celui qui achète une terre ou une maison, l'achète pour le revenu net. Les droits sur les denrées se distinguent difficilement du prix originel de la marchandise ; à tel point qu'un dégrèvement a rarement pour résultat une diminution correspondante dans le prix de vente.

Tout impôt nouveau, en somme, apporte un trouble dans la production et la consommation.

Toute augmentation se traduit par un renchérissement, avec majoration ; si l'impôt est exagéré, c'est une incitation à la dissimulation et à la fraude.

Réformes proposées : l'impôt unique. — Le désir d'alléger le poids de l'impôt, par une meilleure répartition, a inspiré de nombreux réformateurs. Un des systèmes proposés est l'impôt unique, sur le capital ou sur le revenu.

Nous avons déjà constaté que la diversité des impôts n'est pas sans avantages. On peut ajouter qu'elle offre des facilités de perception que n'aurait pas l'impôt unique, dont le chiffre serait forcément élevé. Mais si l'impôt frappe seulement les capitaux, distinguera-t-il entre ceux qui sont très productifs et ceux qui le sont moins ? Et puis, il existe beaucoup de gens, fort aisés, jouissant mêmes de larges revenus, et ne possédant aucun capital qu'on puisse atteindre : fonctionnaires, artistes, personnes appartenant aux professions libérales, étrangers dont la fortune est ailleurs. Avec nos impôts indirects, tout le monde supporte sa part des charges publiques.

Si, d'autre part, l'impôt unique doit être perçu sur le revenu seul, il sera nécessaire d'établir des rôles nominatifs, énonçant la totalité du revenu de chacun. Comment arriver à connaître exactement ce revenu ? Le contribuable le plus loyal serait quelquefois embarrassé pour formuler un chiffre précis : les profits sont variables, il y a des non-valeurs. Peut-on demander aux commerçants, entre autres, de livrer le secret de leurs opérations, soit bénéfices, soit pertes ? Ce secret, du reste, ne leur appartient pas en propre ? Et quand des années de perte succèderaient à des années de bénéfice exceptionnel, que ferait le trésor ?

Inquisition et procédés vexatoires de la part du fisc, dissimulation constante chez le contribuable : tel serait le résultat du système.

Les partisans de cette réforme parlent d'ailleurs d'exempter les petits revenus. Or, ce sont justement ceux qui forment le grand nombre. Il s'en suivrait que les représentants de la nation, investis du pouvoir de voter l'impôt, pourraient être les élus d'une majorité ne payant pas un centime de contribution.

L'impôt progressif. — L'impôt proportionnel, dit-on aussi, n'est pas tout à fait équitable. Payer 50 francs pour un revenu de 1000 francs est plus onéreux que d'en payer 500 pour un revenu de 10.000. Il faut que la quotité soit progressive.

L'application de ce système soulève une première difficulté que nous avons déjà examinée: établir exactement la totalité du revenu de chaque contribuable. Mais il en est d'autres encore. Le fardeau de l'impôt serait nécessairement rejeté sur les gros revenus : c'est-à-dire sur un nombre assez restreint d'imposés. Par suite des lois rigoureuses de la progression, le trésor arriverait à demander le quart, la moitié et peut-être davantage, de certains revenus. Car, si une limite était fixée à la progression établie, ce serait l'abandon du principe ; ce serait s'en tenir à une proportionnalité arbitraire.

Il est facile de comprendre à quels expédients souvent légitimes, les revenus auraient recours pour échapper à des charges pareilles. Une masse de capitaux chercheraient leur placement à l'étranger, et l'impôt retomberait sur les fortunes moyennes. Ce serait décourager l'épargne et paralyser la formation des capitaux de production. Le système, au surplus, a été essayé dans quelques pays qui l'ont vite abandonné.

Notre système général de contributions appelle assurément de nombreuses réformes. Modifier l'assiette de l'impôt, lorsqu'elle présente des inégalités notoires, surtout lorsqu'elle est défavorable aux petits capitaux ; dégrever les consommations indispensables : c'est l'œuvre constante que doit poursuivre le législateur.

Dette publique. — La dette française se compose : de la dette constituée en rente perpétuelle ou amortissable, de la dette flottante et des pensions viagères dues par l'Etat. Les charges résultant de ce service absorbent les deux cinquièmes des impôts prélevés annuellement sur les contribuables français.

La dette consolidée en rentes provient d'emprunts contractés par la nation. Ces emprunts ont eux-mêmes des origines diverses. Une partie est le résultat des charges que laisse toujours la guerre, même heureuse. Une partie représente des emprunts effectués pour accomplir des travaux productifs, dont devaient bénéficier les générations suivantes et qu'il était impossible de faire, en entier, supporter au présent. Il est, enfin, des emprunts qui n'ont eu d'autre objet que de liquider une série de budgets se soldant en déficit. Ce procédé, absolument blâmable, équivaut à rejeter sur ceux qui viendront les conséquences d'une mauvaise gestion financière ou, au moins, de prévisions budgétaires insuffisantes.

La dette flottante se compose : des sommes versées en compte-courant, au trésor, par les trésoriers généraux, la Caisse des dépôts et consignations, les caisses d'épargne ; des annuités pour remboursement d'avances faites à l'Etat par les chambres de commerce, les compagnies de chemin de fer ou les syndicats industriels ; des bons à terme, représentant les dépôts effectués par les particuliers. Ce service a une tendance fâcheuse à prendre une extension toujours croissante. Il appellerait, au contraire, un régime des plus restrictifs ; car les ressources fournies par la dette flottante servent à pallier les déficits éventuels, lesquels aboutissent fatalement à des emprunts de liquidation.

Quant aux pensions, civiles ou militaires, servies par l'Etat, on peut les considérer comme formant, pour forte partie, un chapitre supplémentaire à celui des traitements.

Amortissement, conversion. — La dette publique ne peut être allégée que par deux moyens : l'amortissement ou la conversion.

Amortir, c'est affecter une portion des recettes

annuelles à l'extinction d'une partie de la dette. Mais, pour que l'opération donne des résultats effectifs, il importe que les sommes consacrées à l'amortissement proviennent réellement d'un excédent de recettes. Sinon, à côté des rentes amorties, il s'en crée de nouvelles.

Par la conversion, on diminue seulement le chiffre d'intérêts à payer. Lorsque la situation du marché financier semble favorable, une loi autorise le ministre des finances à offrir aux porteurs de titres : ou de rester créanciers de l'Etat, en subissant une réduction du taux d'intérêt, ou de se faire rembourser leur créance. Cette opération soulève, chaque fois, de violentes récriminations. L'Etat, cependant, ne faït, en cette circonstance, qu'user du droit commun à tout débiteur, de se libérer envers son créancier. Une conversion, pour être parfaite, doit avoir pour conséquence un dégrévement d'impôt, égal à la diminution obtenue sur les intérêts de la dette.

Il est encore un troisième moyen dont l'application est quelquefois demandée : c'est de frapper la rente d'un impôt. Mais ce procédé a l'inconvénient d'être peu correct : il place l'Etat dans la situation d'un débiteur qui retient d'une main ce qu'il donne de l'autre. En outre, cet impôt pèserait certainement sur les conditions de tout emprunt à venir.

Quoiqu'il en soit, la dette publique constitue un passif dont le poids grève lourdement la production nationale. Les intérêts à payer enlèvent, après la répartition, une notable partie des salaires et des revenus, et diminuent d'autant les disponibilités de la consommation. La dette française équivaut à la stérilisation d'un capital de 30 millards.

Chapitre VI

ÉPARGNE ET PRÉVOYANCE.

Institutions de prévoyance. — Caisses d'épargne. — Sociétés de secours mutuels et de retraite. — Sociétés coopératives de consommation.

La Prévoyance. — Lorsqu'un homme épargne, c'est-à-dire consomme moins qu'il ne produit, il fait acte de prévoyance. La pratique de l'épargne ne dépend point uniquement, comme beaucoup le croient, d'une disposition naturelle à la sobriété ; certaines peuplades sont très sobres et, en même temps, très imprévoyantes. Elle ne dépend pas davantage de l'élévation des revenus ; il n'est pas rare, en effet, qu'entre deux individus faisant exactement les mêmes gains, l'un épargne, bien qu'ayant de lourdes charges, tandis que l'autre, exempt de tout embarras, dissipe ce qu'il gagne et s'endette parfois.

L'épargne, selon la définition de M. Levasseur, n'est facile dans aucune condition, mais elle est possible dans presque toutes ; car son principe réside moins dans un excédent de revenus que « dans une limitation de nos désirs ». Ne pas consommer tout ce qui est à sa disposition suppose un être ayant le sentiment de sa responsabilité, doué de volonté et aspirant, pour lui ou les siens, à une situation meilleure. Il est des animaux qui amassent; il n'en est pas qui épargnent.

Mais le rôle d'une prévoyance éclairée ne se borne point à épargner. Il faut encore trouver aux capitaux en formation des emplois sûrs et fructueux. Ce dernier point importe surtout aux travailleurs à petits revenus, pour qui la constitution d'un capital est, à la fois, plus nécessaire et plus difficile.

Institutions de prévoyance. — Les temps modernes ont donné naissance à de nombreuses institutions, destinées à faciliter la pratique de la prévoyance. On peut les étudier sous ces trois titres: Caisses d'épargne, Sociétés de secours mutuels et de retraite, Associations coopératives de consommation. Chacune de ces institutions a une action qui lui est propre dans la formation des capitaux.

Les caisses d'épargne ont pour unique objet de recueillir les économies et de les faire fructifier. Il ne se crée aucune solidarité entre les déposants; chacun traite individuellement et peut disposer, quand il lui convient, de son capital.

Les sociétés de secours mutuels et de retraite offrent au travailleur les moyens de s'assurer une indemnité en cas de maladie ou d'accident, et une pension pour la vieillesse. Ce sont des associations de personnes se réunissant pour former un capital collectif et indivis ; les revenus seuls de ce capital sont distribués aux ayants droit, dans les conditions déterminées par les statuts. A l'étude de ces sociétés se rattache naturellement celle des Caisses nationales de retraites pour la vieillesse, d'assurance en cas d'accident et d'assurance en cas de décès.

Les associations coopératives de consommation permettent la formation d'un capital, sans débours spécial et par la simple réalisation d'un bénéfice sur la dépense ordinaire. Ce type d'institution emprunte à l'association son principe et sa force. Mais chaque part de l'avoir social est la propriété personnelle du titulaire ; c'est lui qui en réalise les profits à mesure, et il peut même, dans certains cas, transmettre son titre.

Les associations coopératives de production et de crédit ont des affinités visibles avec les sociétés de consommation. Elles affectent, cependant, un caractère d'entreprises commerciales qui ne permet pas de les confondre avec les institutions de prévoyance, proprement dites.

Caisses d'épargne. — La plus ancienne caisse d'épargne connue est celle de Hambourg, constituée en 1778. Plusieurs établissements du même genre furent fondés en Angleterre, vers la fin du dernier siècle. Mais c'est seulement en 1813 que l'institution prend sa forme définitive, par la création de la caisse d'épargne d'Edimbourg ; celle de Londres est ouverte en 1816.

La caisse d'épargne de Paris est la première instituée en France (1818). En quelques années, dix villes furent dotées de caisses semblables : Bordeaux et Metz (1819) ; Rouen (1820) ; Marseille (1821) ; Nantes, Troyes, Brest, Le Havre, Lyon (1822) ; Reims (1823). Ces établissements, fondés par de généreux citoyens, sous forme de sociétés anonymes de bienfaisance, avaient un caractère essentiellement privé. Mais la loi du 5 juin 1835 réserva désormais la création des caisses d'épargne à l'initiative des conseils municipaux. Des cent sept caisses qui existaient alors, trois seulement ont conservé leur autonomie : Paris, Lyon, Marseille. Les autres se sont transformées ou reconstituées, et sont devenues des institutions municipales. Enfin, une loi du 9 avril 1881 a créé une caisse d'épargne postale, sous la garantie de l'État.

C'est la Caisse des dépôts et consignations qui, depuis 1837, est chargée de recevoir et d'administrer les fonds recueillis par les diverses caisses d'épargne françaises. Un régime à peu près semblable existe en Angleterre. Dans les autres pays où fonctionnent ces institutions, les fonds provenant des dépôts sont employés directement par chaque établissement. Une grande partie des épargnes populaires va ainsi féconder la production nationale, s'appliquant à des prêts à l'agriculture ou à l'escompte des valeurs commerciales.

Avantage des caisses d'épargne. — Les caisses d'épargne reçoivent les versements, à partir de un franc. Il existe, en outre, des caisses scolaires, destinées à recueillir les versements des élèves, depuis dix centimes ; lorsque la somme de un franc est atteinte, le compte du déposant est crédité d'autant.

La caisse d'épargne est une tirelire offrant un double avantage : les fonds qu'on lui confie sont à l'abri du vol, et ils produisent, au profit du possesseur, un intérêt mensuel. De plus, le porteur d'un livret est gardé contre ses propres faiblesses. D'ordinaire, on n'entame un capital que par parcelle. Il faudrait donc, à chaque fois, accomplir des formalités, très simples assurément, mais suffisantes pour arrêter une tentation passagère.

Si les caisses d'épargne n'existaient pas, une partie des fonds recueillis par ces établissements s'émietterait certainement en dépenses improductives; l'autre partie s'immobiliserait, sans bénéfice pour le propriétaire et pour la société. Une quantité considérable de nos capitaux modernes ont eu pour point de départ un premier versement fait à la caisse d'épargne.

Il ne serait pas équitable, toutefois, que les avantages accordés aux déposants constituassent jamais une charge pour le budget public. C'est, en se plaçant à ce point de vue, qu'on doit désirer, pour les caisses françaises, quelques modifications au régime existant. Dégager en partie la responsabilité de l'Etat et servir un taux de faveur à la petite épargne : tel serait le but à atteindre.

Sociétés de secours mutuels. — Des institutions de ce genre existaient dès l'antiquité. Les collèges d'artisans romains ont connu l'assistance mutuelle; les corporations et les confréries de l'ancien régime l'ont toujours pratiquée. Cette organisation répondait si bien à un besoin social que les premières de nos sociétés se sont formées, au lendemain de la dissolution des associations corporatives ou religieuses, prononcée par l'Assemblée nationale, en 1791. Mais on n'a de preuves authentiques de leur existence qu'à partir de 1810, époque où fut promulgué le code pénal, dont l'article 291 impose à toute association de plus de vingt personnes l'obligation de faire approuver ses statuts.

Les sociétés de secours mutuels ont vécu sous le régime de l'autorisation préalable, jusqu'en 1848, n'ayant aucune existence civile et soumises au bon plaisir administratif. Le gouvernement de Février supprima l'autorisation et la remplaça par une simple déclaration. Mais ce fut le décret organique du 26 mars 1852 qui créa pour ces sociétés, le droit spécial sous lequel elles vivent encore.

Ces institutions sont divisées en deux catégories : sociétés approuvées et sociétés autorisées. Celles qui se soumettent aux conditions requises pour l'approbation et qui l'obtiennent, sont mises en possession de certains avantages. Les principaux sont : la capacité pour recevoir les dons et legs ; la faculté de se constituer, auprès de la Caisse nationale des retraites, un fonds collectif de pensions ; le droit de participer aux subventions de l'Etat. Les autres sociétés trouvent au moins, dans la simple autorisation, une existence légale et sont à l'abri d'une dissolution non motivée.

Toutes ces sociétés ayant même objet et rendant mêmes services, cette distinction est fâcheuse. Mais elle est moins le fait du législateur que des sociétés autorisées, dont la plupart n'auraient qu'à demander l'approbation pour l'obtenir.

Bienfaits de la mutualité. — Les sociétés de secours mutuels peuvent accorder, moyennant une cotisation annuelle ou mensuelle, et dans la mesure prévue par les statuts respectifs : 1° aux sociétaires malades, les soins du médecin, les médicaments et une indemnité pécuniaire ; 2° aux infirmes ou incurables, une allocation en argent ; 3° aux vieillards, une pension de retraite ; 4° aux sociétaires décédés, des funérailles honorables, et aux veuves et orphelins, un secours. Cependant, quelques associations, dites caisses de retraites, ont pour unique objet le service des pensions de retraite.

Nos sociétés modernes diffèrent essentiellement des anciennes associations corporatives ou religieuses, par deux points : la quotité du secours de maladie est toujours déterminée par les statuts ; les promesses faites au sociétaire représentent pour lui un droit et sont légalement exécutoires. Par contre, les statuts des sociétés de secours mutuels excluent tout secours en cas de chômage provenant d'autre cause que la maladie.

S'affilier à une société de secours mutuels est un acte de prévoyance qui complète tous les autres. Si le travailleur néglige de s'assurer contre les charges éventuelles de la maladie, ses efforts pour former un capital resteront souvent impuissants : une maladie peut, en effet, absorber en quelques semaines l'épargne de plusieurs années. Seule, la mutualité lui permet, dans le plus grand nombre de cas, de se faire soigner chez lui et sans entamer son épargne ; elle le dispense de recourir à l'assistance publique ; l'indemnité pécuniaire atténue même, pour la famille, les privations résultant de l'interruption momentanée du travail d'un de ses membres.

Enfin, avec le développement de l'institution et l'accroissement des ressources, les pensions de retraite pourront apporter une aide sérieuse au travailleur qui atteint l'âge de l'invalidité.

Concours financier de l'Etat. — Les sociétés de secours mutuels sont, depuis le 22 janvier 1852, en possession d'une dotation. Les intérêts de ce capital servent surtout à encourager, en les majorant, les versements faits par les sociétés à leurs fonds de retraite.

Cette libéralité est quelquefois critiquée, ainsi que les autres avantages matériels accordés par la loi aux sociétés de secours mutuels. Entre toutes les institutions subventionnées, il est pourtant incontestable que ce ne sont pas les moins méritantes, à ne considérer que l'élément qui les compose. De plus, par cela qu'elles développent la pratique de la prévoyance individuelle, ces associations tendent à dégrever d'autant le budget de l'assistance publique. Il est encore une considération d'ordre économique dont il est juste de tenir compte : c'est l'action bienfaisante qu'elles exercent sur l'hygiène et la santé des travailleurs, et, par conséquent, sur la production nationale.

Dans la plupart des pays, le gouvernement s'est entièrement désintéressé à l'égard des sociétés de secours mutuels. Dans d'autres, le principe de l'assurance obligatoire a prévalu ; c'est alors la négation de la prévoyance et de la responsabilité individuelle, c'est l'impôt substitué à l'épargne ; en outre, l'Etat, ou plutôt les finances publiques courent tous les risques du contrat. Le régime français, avec son système de subventions limitées, se tient à une sage distance des deux extrêmes.

Caisse nationale des retraites, et Caisses d'assurances. — La Caisse des retraites pour la vieillesse a été créée par la loi du 8 juillet 1850. Quelques-unes des dispositions premières se trouvent modifiées par la nouvelle loi, votée en 1886. La Caisse des retraites a pour fonction de constituer au profit de toute personne de l'un et l'autre sexe, porteur d'un livret, une pension viagère, payable à partir de cinquante ans. Les versements sont effectués à capital réservé ou à capital aliéné. Dans le premier cas, la pension produite par les versements est moins élevée, mais le capital versé est remboursé aux ayants-droit, après le décès du titulaire.

Les sociétés de secours mutuels ont la faculté d'appliquer leurs excédents de recettes : soit à des versements sur des livrets individuels, pris au nom de chacun de leurs membres ; soit à la formation d'un fonds collectif, destiné au service des pensions de retraite, à l'âge fixé par les statuts et conformément au vote de l'assemblée générale.

Une loi du 11 juillet 1868 a institué une Caisse d'assurance en cas d'accidents et une Caisse d'assurance en cas de décès. A la première, moyennant une cotisation annuelle de 3, 5 ou 8 francs, on peut s'assurer, en cas d'incapacité absolue de travail, une pension viagère, variant de 150 à 600 francs. A la Caisse d'assurance en cas de décès, un père de famille, âgé de trente ans, par exemple, garantira à ses héritiers une somme de 1.000 francs, par le paiement d'une prime annuelle de 17 francs 35.

Sociétés de consommation. — Les sociétés coopératives de consommation ont particulièrement pour objet l'achat en gros de substances alimentaires, que les associés se distribuent ensuite entre eux. La société des « Equitables pionniers de Rochdale » passe pour la plus ancienne de ces associations. Fondée en 1844, par vingt-huit ouvriers, elle compte plus de quinze mille adhérents et possède un capital de plus de huit millions de francs.

Formées en sociétés anonymes par actions, ces associations affectent des constitutions très diverses. Il en est qui bornent leurs opérations aux seuls associés ; d'autres qui vendent à tout le monde et prennent ainsi un caractère commercial. Les unes limitent le nombre de leurs adhérents ; les autres sont à personnel et à capital variables, c'est-à-dire qu'elles restent ouvertes à tous ceux qui offrent de se soumettre aux prescriptions statutaires. Telle société, visant uniquement au bon marché, vend à prix coûtant, en majorant les produits d'un léger droit pour couvrir les frais généraux ; telle autre vend au prix courant du commerce et distribue, au bout de l'année, les bénéfices acquis, soit au prorata des achats faits par le sociétaire, soit proportionnellement au nombre d'actions possédées par lui. Enfin, quelques sociétés affectent les bénéfices à la création d'un fonds de retraite ; quelques autres, au contraire, se préoccupent de la possibilité de créer, avec ces mêmes bénéfices, un capital de production.

On ne saurait condamner aucune de ces formes de la coopération. Toutes ont ce caractère commun, de permettre la réalisation d'un capital à celui qui ne peut disposer d'autre chose que de ses facultés de consommateur, et sans lui demander aucun effort spécial. Toutes offrent ce grand avantage de généraliser l'habitude des achats au comptant. Néanmoins, il faut reconnaître comme répondant mieux à l'esprit de l'institution, les associations fondées sur les principes suivants : personnel et capital non limités ; vente ou plutôt distribution des produits aux seuls sociétaires, et au prix du détail ; attribution des bénéfices aux acheteurs, au prorata de leurs achats ; affectation d'une partie, sinon de la totalité de ces bénéfices, à la création de pensions proportionnelles de retraite ou à des usages productifs.

Autres formes de la coopération. — Dans les associations de consommation, il y a un risque commercial ; mais ce risque est limité. Tous les sociétaires étant des clients, les prévisions sont faciles à établir ; toutes les ventes devant se faire au comptant, il n'y a, de ce chef, jamais de non-valeur. Il en est autrement des sociétés coopératives de production, des syndicats pour la vente en commun des produits agricoles ou manufacturés, et même des banques populaires de crédit. Ce sont des entreprises dignes du plus haut intérêt, sous le rapport économique et social ; ce ne sont plus des institutions de prévoyance au même titre que les autres, puisque le capital y est sujet à certains risques.

Une des applications les plus louables que les sociétés de consommation pourraient faire de leurs bénéfices, c'est la construction de logements économiques. Il serait facile d'y joindre une de ces combinaisons qui permettent au locataire de devenir, au bout d'un temps, propriétaire de l'habitation qu'il occupe. Mais l'adaptation complète de ce système suppose deux conditions presque indispensables : possibilité d'établir autant d'habitations isolées et indépendantes qu'il y a de locataires ; stabilité des occupants appelés à devenir propriétaires.

Quant aux sociétés d'épargne capitalisée, elles diffèrent des caisses d'épargne ordinaires par un point essentiel : les adhérents sont solidaires entre eux et la prévoyance y prend un caractère coopératif et mutuel. Chacun d'eux verse mensuellement une ou plusieurs parts, dont le chiffre est fixé par les statuts. Le capital est employé de préférence à l'acquisition de valeurs à lots, dont les intérêts s'ajoutent au montant des versements. A l'expiration de l'engagement, qui est ordinairement de cinq ans, les ayants-droit procèdent à une liquidation de l'actif, formé du capital, des intérêts et des bénéfices.

Conclusions. — Il n'y a point d'épargne si minime qui, bien dirigée, ne produise des résultats; ces effets peuvent même devenir surprenants, par l'accumulation soutenue et par la capitalisation.

Sans doute nos efforts sont plus ou moins favorisés par les circonstances. Mais le travail et l'épargne restent les facteurs déterminants dans toute formation de capital. Si ceux qui nous ont précédé avaient, à mesure qu'ils produisaient, consommé tous les fruits de leur travail, l'humanité habiterait encore les cavernes.

De l'étude des lois de la production et de la répartition des richesses, il ressort : que l'élément gratuit et fortuit tient une place à peu près nulle dans la production et très minime dans la répartition ; que l'observation de ces lois se rattache étroitement aux principes de liberté et de justice, qui doivent présider aux rapports des hommes entre eux ; que plus l'accord entre ces deux puissances : travail et capital, sera parfait, plus il en résultera, dans le monde un accroissement général de bien-être, de civilisation et de progrès moral.

TABLE DES MATIÈRES

Imp. G. Saint-Aubin et Thevenot, Saint-Dizier. 30, Passage Verdeau Paris.

www.ingramcontent.com/pod-product-compliance
Ingram Content Group UK Ltd.
Pitfield, Milton Keynes, MK11 3LW, UK
UKHW020957230726
13923UKWH00007B/497

9 782019 679033